AF452890

LES PLAISIRS DE L'ISLE ENCHANTE'E.

COVRSE DE BAGVE,

Collation ornée de Machines, Comedie meslée de Danse & de Musique, Ballet du Palais d'Alcine, Feu d'Artifice : Et autres Festes galantes & magnifiques ; faites par le Roy à Versailles, le 7. May 1664. Et continuées plusieurs autres Iours.

A PARIS,

Chez ROBERT BALLARD, seul Jmprimeur du Roy pour la Musique.

M. DC. LXIV.

AVEC PRIVILEGE DE SA MAIESTE'.

LES PLAISIRS
DE L'ISLE
ENCHANTEE.

COVRSE DE BAGVE,
Collation ornée de Machines, Comedie meſlée
de Danſe & de Muſique, Ballet du Palais d'Alcine, Feu d'Artifice : Et autres Feſtes galantes
& magnifiques ; faites par le Roy à Verſailles,
le 7. May 1664. Et continuées pluſieurs autres Iours.

E ROY voulant donner aux Reynes,
& à toute ſa Cour le plaiſir de quelques
Feſtes peu communes, dans vn lieu orné
de tous les agrements qui peuuent faire
admirer vne Maiſon de Campagne, choi-
ſit Verſailles à quatre lieuës de Paris.
C'eſt vn Chaſteau qu'on peut nommer
vn Palais Enchanté, tant les adjuſtemens
de l'art ont bien ſecondé les ſoins que la Nature à pris
pour le rendre parfait : Il charme en toutes manieres,
tout y rit dehors & dedans, l'or & le marbre y diſputent
de beauté & d'eſclat : Et quoy qu'il n'ayt pas cette grande
eſtenduë qui ſe remarque en quelques autres Palais de ſa
Majeſté : Toutes choſes y ſont ſi polies, ſi bien entenduës

A ij

& si acheuées, que rien ne le peut esgaler. Sa Symetrie, la richesse de ses meubles, la beauté de ses promenades, & le nombre infiny de ses fleurs, comme de ses orangers, rendent les enuirons de ce lieu dignes de sa rareté singuliere : La diuersité des bestes contenuës dans les deux Parcs, & dans la Menagerie, ou plusieurs courts en Estoilles sont accompagnées de Viuiers pour les animaux aquatiques, auec de grands bastiments, joignent le plaisir auec la magnificence, & en font vne maison accomplie.

CE fut en ce beau lieu ou toute la Cour se rendit le cinquiesme de May, que le Roy traitta plus de six cent personnes jusques au quatorziesme ; outre vne infinité de gens necessaires à la danse & à la Comedie, & d'Artisans de toutes sortes venus de Paris ; si bien que cela paroissoit vne petite armée.

Le Ciel mesme sembla fauoriser les desseins de sa Majesté, puis qu'en vne saison presque toûjours pluuieuse on en fut quitte pour vn peu de vent, qui sembla n'auoir augmenté, qu'afin de faire voir que la preuoyance & la puissance du Roy, estoient à l'espreuue des plus grandes incommoditez ; de hautes toilles, des bastimens de bois faits presque en vn instant, & vn nombre prodigieux de flambeaux de cire blanche, pour suppléer à plus de quatre mille bougies chaque journée, resisterent à ce vent ; qui par tout ailleurs eust rendu ces diuertissements comme impossibles à acheuer.

Monsieur de Vigarini, Gentilhomme Modenois, fort sçauant en toutes ces choses, inuenta & proposa celles-cy ; & le Roy commanda au Duc de S. Aignan, qui se trouua lors en fonction de premier Gentilhomme de sa Chambre, & qui auoit déja donné plusieurs sujets de Ballet fort agreables ; de faire vn dessein ou elles fussent toutes comprises auec liaison & auec ordre ; de sorte qu'elles ne pouuoient manquer de bien reussir.

Il prit pour sujet le Palais d'Alcine, qui donna lieu au Tiltre des Plaisirs de l'Isle Enchantée ; puis que selon l'Arioste le braue Roger & plusieurs autres bons Cheualliers y furent retenus par les doubles charmes de la beauté, quoy qu'empruntée, & du sçauoir de cette Magicienne ; & en furent déliurez apres beaucoup de temps consommé dans les delices, par la bague qui destruisoit les enchantemens : C'estoit celle d'Angelique, que Melisse sous la forme du vieux Atlas, mit enfin au doigt de Roger.

On fit donc en peu de jours orner vn Rond, où quatre grandes allées aboutissent entre de hautes palissades ; de quatre Portiques de trente-cinq pieds d'éleuation, & de vingt-deux en quarré d'ouuerture ; de plusieurs festons enrichis d'or, & de diuerses peintures auec les armes de sa Majesté.

Toute la Cour s'y estant placée le septiesme, il entra dans la place sur les six heures du soir vn Heraut d'Armes, representé par M. des Bardins, vestu d'vn habit à l'antique, couleur de feu en broderie d'argent, & fort bien monté.

Il estoit suiuy de trois Pages : celuy du Roy, M. d'Artagnan, marchoit à la teste des deux autres, fort richement habillé de couleur de feu, liurée de sa Majesté, portant sa lance & son Escu, dans lequel brilloit vn Soleil de pierreries auec ces mots.

Nec Cesso, nec Erro.

Faisant allusion à l'attachement de sa Majesté aux affaires de son Estat, & la maniere auec laquelle il agit, ce qui estoit encore representé par ces quatre vers du President de Perigny, autheur de la mesme Deuise.

CE n'est pas sans raison que la Terre & les Cieux,
Ont tant d'estonnement pour vn Objet si rare ;
Qui dans son cours penible, autant que glorieux,
Iamais ne se repose, & jamais ne s'égare.

Les deux autres Pages estoient aux Ducs de S. Aignan & de Noailles ; Le premier Mareschal de Camp, & l'autre Iuge des Courses.

Celuy du Duc de S. Aignan portoit l'Escu de sa Deuise, & estoit habillé de sa liurée de toille d'argent enrichie d'or, auec les plumes incarnates & noires, & les rubans de mesme : Sa Deuise estoit telle. Vn Tymbre d'Horloge, auec ces mots.

De mis golpes mi Ruido.

Le Page du Duc de Noailles estoit vestu de couleur de feu,
argent & noir ; & le reste de la liurée semblable : La Deuise
qu'il portoit dans son Escu, estoit vn Aigle auec ces mots.

Fidelis & audax.

Quatre Trompettes & deux Tymballiers, marchoient
apres ces Pages, habillez de satin couleur de feu, & argent ;
leurs plumes de la mesme liurée, & les caparaçons de leurs
cheuaux couuerts d'vne pareille broderie, auec des Soleils
d'or fort esclatans aux banderolles des Trompettes, & les
couuertures des Tymballes.

Le Duc de S. Aignan Mareschal de Camp, marchoit apres
eux armé à la Grecque, d'vne cuirasse de toille d'argent
couuerte de petites escailles d'or ; aussi bien que son bas de
saye, & son Casque estoit orné d'vn Dragon, & d'vn grand
nombre de plumes blanches, meslées d'incarnat & de noir :
Il montoit vn cheual blanc bardé de mesme, & representoit
Guidon le Sauuage.

Pour le Duc de Saint-Aignan, *representant*
Guidon le Sauuage.

MADRIGAL.

LEs combats que j'ay faits en l'Isle dangereuse,
Quand de tant de Guerriers je demeuray vainqueur,
Suiuis d'vne épreuue amoureuse,
Ont signalé ma force aussi bien que mon cœur.
La vigueur qui fait mon estime,
Soit qu'elle embrasse vn party legitime,
Où qu'elle vienne à s'eschapper ;
Fait dire, pour ma gloire, aux deux bouts de la Terre,
Qu'on n'en void point en toute guerre,
Ny plus souuent, ny mieux frapper.

POVR LE MESME.

SEul contre dix Guerriers, seul contre dix Pucelles
C'est auoir sur les bras deux étranges querelles,
Qui sort à son honneur de ce double combat
Doit estre ce me semble vn terrible Soldat.

Huit Trompettes & deux Tymballiers, veſtus comme les premiers, marchoient apres le Mareſchal de Camp.

LE ROY repreſentant Roger les ſuiuoit, montant vn des plus beaux cheuaux du monde, dont le harnois couleur de feu eſclattoit d'or, d'argent & de pierreries : Sa Majeſté eſtoit armée à la façon des Grecs comme tous ceux de ſa Quadrille, & portoit vne cuiraſſe de lame d'argent, couuerte d'vne riche broderie d'or & de diamans. Son port & toute ſon action eſtoient dignes de ſon rang ; ſon Caſque tout couuert de plumes couleur de feu, auoit vne grace incomparable ; & jamais vn air plus libre, ny plus guerrier, n'a mis vn mortel au deſſus des autres hommes.

SONNET.

Pour LE ROY, Repreſentant ROGER.

QVelle taille, quel port a ce fier Conquérant !
Sa perſonne éblouït quiconque l'examine,
Et quoy que par ſon Poſte il ſoit déja ſi Grand,
Quelque choſe de plus éclate dans ſa mine.

Son front de ſes Deſtins eſt l'auguſte garant,
Par delà ſes Ayeux ſa vertu l'achemine,
Il fait qu'on les oublie, & de l'air qu'il s'y prend
Bien loin derriere luy laiſſe ſon origine.

De ce cœur genereux c'eſt l'ordinaire employ,
D'agir plus volontiers pour Autruy que pour ſoy,
Là principalement ſa force eſt occupée :

Il efface l'éclat des Héros anciens,
N'a que l'honneur en veuë, & ne tire l'épée
Que pour des intereſts qui ne ſont pas les ſiens.

Le Duc de Noailles, Iuge du Camp ſous le nom d'Oger le Danois, marchoit apres le Roy, portant la couleur de feu & le noir ſous vne riche broderie d'argent, & ces plumes auſſi bien que tout le reſte de ſon eſquipage eſtoient de cette meſme liurée.

Le Duc de Noailles. *Oger le Danois*
Iuge du Camp.

CE *Paladin s'applique a cette seule affaire*
 De seruir dignement le plus puissant des Rois,
Comme pour bien juger il faut sçauoir bien faire
Ie doute que personne appelle de sa voix.

Le Duc de Guise & le Comte d'Armagnac marchoient ensemble apres luy. Le premier portant le nom d'Aquilant le Noir, auoit vn habit de cette couleur en broderie d'or & de geaix ; ses plumes, son cheual, & sa lance assortissoient à sa liurée : Et l'autre representant Griffon le Blanc, portoit sur vn habit de toille d'argent plusieurs rubis , & montoit vn cheual blanc bardé de la mesme couleur.

Le Duc de Guise. *Aquilant le Noir.*

LA *Nuit a ses beautez de mesme que le jour,*
 Le Noir est ma couleur, je l'ay toûjours aymée,
Et si l'obscurité conuient à mon Amour,
Elle ne s'estend pas jusqu'à ma Renommée.

Le Comte d'Armagnac. *Griffon le Blanc.*

VOyez *quelle candeur en moy le Ciel a mis,*
 Aussi nulle Beauté ne s'en verra trompée,
Et quand il sera temps d'aller aux ennemis
C'est ou je me feray tout Blanc de mon épée.

Les Ducs de Foix & de Coaslin qui paroissoient en suite, estoient vestus l'vn d'incarnat auec or & argent ; & l'autre de vert, blanc & argent : Toute leur liurée & leurs cheuaux estant dignes du reste de leur équipage.

Pour le Duc de Foix. *Renaud.*

IL *porte vn Nom celebre, il est jeune, il est sage,*
 A vous dire le vray c'est pour aller bien haut,
Et c'est vn grand bonheur que d'auoir à son âge
La chaleur necessaire, et le flegme qu'il faut.

Le Duc de Coaslin. *Dudon.*

TRop auant dans la Gloire on ne peut s'engager,
  J'auray vaincu sept Rois, & par mon grand courage
Les verray tous soûmis au pouuoir de ROGER,
Que je ne seray pas content de mon Ouurage.

Apres eux marchoient le Comte du Lude & le Prince
de Marsillac, le premier vestu d'incarnat & blanc; & l'autre
de jaune, blanc & noir, enrichis de broderie d'argent, leur
liurée de mesme, & fort bien montez.

Le Comte du Lude. *Astolphe.*

DE tous les Paladins qui sont dans l'Vniuers
  Aucun n'a pour l'Amour l'ame plus échaufée,
Entreprenant toûjours mille projets diuers,
Et toûjours enchanté par quelque jeune FE'E.

Le Prince de Marsillac. *Brandimart.*

MEs vœux seront contents, mes souhaits accomplis,
  Et ma bonne fortune à son comble arriuée
Quand vous sçaurez, mon zelle, aymable FLEVR-DELIS,
Au milieu de mon cœur profondément grauée.

Les Marquis de Villequier & de Soyecourt marchoient
en suite, l'vn portoit le bleu & argent; & l'autre le bleu,
blanc, & noir auec or & argent: leurs plumes, & les harnois de leurs cheuaux estoient de la mesme couleur, &
d'vne pareille richesse.

Le Marquis de Villequier. *Richardet.*

PErsonne comme moy n'est sorty galamment
  D'vne intrigue ou sans doute il faloit quelque adresse,
Personne à mon auis plus agreablement
N'est demeuré fidelle en trompant sa Maistresse.

Le Marquis de Soyecourt. *Oliuier.*

VOicy l'honneur du Siecle, aupres de qui nous sommes,
  Et mesme les Geants, de mediocres Hommes,
Et ce franc Cheualier à tout venant tout prest
Toûjours pour quelque Iouste a la lance en arrest.

Les Marquis d'Humieres & de la Valliere les ſuiuoient : Ce premier portant la couleur de chair & argent ; & l'autre le gris de lin, blanc & argent : toute leur liurée eſtant la plus riche, & la mieux aſſortie du monde.

Le Marquis d'Humieres. Ariodant.

IE tremble dans l'accés de l'amoureuſe fiéure,
Ailleurs ſans vanité je ne tremblay jamais,
Et ce charmant objet, l'adorable GENE'VRE,
Eſt l'vnique vainqueur à qui je me ſoûmets.

Le Marquis de la Valliere. Zerbin.

QVelques beaux ſentimens que la gloire nous donne
Quand on eſt amoureux au ſouuerain degré,
Mourir entre les bras d'vne belle Perſonne
Eſt de toutes les morts la plus douce à mon gré.

Monſieur le DVC marchoit ſeul, portant pour ſa liurée la couleur de feu, blanc & argent : vn grand nombre de Diamans eſtoient attachez ſur la magnifique broderie, dont ſa cuiraſſe, & ſon bas de ſaye eſtoient couuerts ; ſon caſque, & le harnois de ſon cheual en eſtant auſſi enrichis.

Monſieur le Duc. Roland.

ROland fera bien loin ſon grand Nom retentir,
La Gloire deuiendra ſa fidelle Compagne,
Il eſt ſorty d'vn ſang qui bruſle de ſortir
Quand il eſt queſtion de ſe mettre en campagne,
    Et pour ne vous en point mentir
    C'eſt le pur ſang de Charlemagne.

VN Char de dix-huit pieds de haut, de vingt-quatre de long, & de quinze de large ; paroiſſoit en ſuite eſclatant d'or & de diuerſes couleurs : Il repreſentoit celuy d'Apollon, en l'honneur duquel ſe celebroient autresfois les Ieux Pythiens, que ces Cheualiers s'eſtoient propoſez d'imiter en leurs Courſes & en leur équipage : Cette Diuinité brillante de lumieres eſtoit aſſiſe au plus haut du Char, ayant à fes pieds les quatre Aages ou Siecles, diftinguez par de riches habits, & par ce qu'ils portoient à la main.

Le Siecle d'Or orné de ce precieux metail, eftoit encore paré des diuerfes Fleurs, qui faifoient vn des principaux ornemens de cét heureux Aage.

Ceux d'Argent & d'Airain, auoient auffi leurs remarques particulieres.

Et celuy de Fer, eftoit reprefenté par vn Guerrier d'vn regard terrible, portant d'vne main l'efpée, & de l'autre le bouclier.

Plufieurs autres grandes Figures de relief paroient les coftez de ce Char magnifique: Les Monftres Celeftes, le Serpent Python, Daphné, Hyacinthe; & les autres Figures qui conuiennent à Apollon, auec vn Atlas portant le Globe du Monde, y eftoient auffi releuez d'vne agreable fculpture: Le Temps reprefenté par le Sieur Millet, auec fa faux, fes aifles, & cette vieilleffe decrepite dont on le peint toûjours accablé, en eftoit le conducteur: Quatre cheuaux d'vne taille & d'vne beauté peu communes, couuerts de grandes houffes femées de Soleils d'Or, & attellez de front, tiroient cette Machine.

Les douze Heures du jour & les douze Signes du Zodiaque, habillez fort fuperbement, comme les Poëtes les dépeignent, marchoient en deux files aux deux coftez de ce Char.

Tous les Pages des Cheualiers le fuiuoient deux à deux, apres celuy de Monfieur le Duc, fort proprement veftus de leurs liurées, auec quantité de plumes; portant leurs lances & les Efcus de leurs Deuifes.

Le Duc de Guife, reprefentant Aquilant le Noir, ayant pour Deuife vn Lyon qui dort, auec ces mots.

Et quiefcente pauefcunt.

Le Comte d'Armagnac, reprefentant Griffon le Blanc, ayant pour Deuife vne Hermine, auec ces mots.

Ex candore decus.

Le Duc de Foix, repreſentant Renaud, ayant pour Deuiſe vn Vaiſſeau dans la Mer, auec ces mots.

Longe leuis aura feret.

Le Duc de Coaſlin, repreſentant Dudon, ayant pour Deuiſe vn Soleil, & l'Heliotrope ou Tourneſol, auec ces mots.

Splendor ab obſequio.

Le Comte du Lude, repreſentant Aſtolphe, ayant pour
Deuiſe vn chiffre en forme de nœud, auec ces mots.

Non fia mai ſciolto.

Le Prince de Marſillac, repreſentant Brandimart, ayant
pour Deuiſe vne Montre en relief dont on voit tous les reſ-
ſorts, auec ces mots.

Chieto fuor commoto dentro.

Le Marquis de Villequier, repreſentant Richardet, ayant
pour Deuiſe vn Aigle qui plane deuant le Soleil, auec ces mots.

Vni militat Aſtro.

Le Marquis de Soyecourt, repreſentant Oliuier, ayant
pour Deuiſe la Maſſuë d'Hercule, auec ces mots.

Vix æquat fama labores.

Le Marquis d'Humieres, repreſentant Ariodant, ayant
pour Deuiſe toutes ſortes de Couronnes, auec ces mots.

No quiero Menos.

Le Marquis de la Valliere, repreſentant Zerbin, ayant
pour Deuiſe vn Phœnix ſur vn bucher allumé par le Soleil,
auec ces mots.

Hoc juuat vri.

Monſieur le D v c, repreſentant Roland, ayant pour Deuiſe vn Dard entortillé de Lauriers, auec ces mots.

Certo ferit.

VIngt Pasteurs chargez des diuers pieces de la Barriere, qui deuoit estre dressée pour la Course de Bague, formoient la derniere Troupe qui entra dans la Lice : Ils portoient des vestes couleur de feu enrichie d'argent, & des coiffures de mesmes.

Aussi-tost que ces Troupes furent entrées dans le Camp, elles en firent le tour, & apres auoir salüé les Reynes, elles se separerent, & prirent chacun son poste : Les Pages de la teste ; les Trompettes & les Tymballiers se croisants, s'allerent poster sur les aisles : Le Roy s'aduançant au milieu, prit sa place vis à vis du haut Dais : Monsieur le Duc proche de Sa Majesté : Les Ducs de S. Aignan & de Noailles à droit & à gauche : Les dix Cheualiers en haye aux deux costez du Char : Leurs Pages au mesme Ordre derriere eux : Les Signes & les Heures comme ils estoient entrez.

Lors qu'on eut fait alte en cét estat, vn profond silence causé tout ensemble par l'attention & par le respect ; donna le moyen à Mad^{lle.} de Brie, qui representoit le Siecle d'Airain, de commencer ces Vers à la loüange de la Reyne, addressez à Apollon.

LE SIECLE D'AIRAIN à Apollon.

BRillant Pere du jour, Toy de qui la puissance
Par ses diuers aspects nous donna la naissance ;
Toy l'espoir de la Terre, & l'ornement des Cieux ;
Toy le plus necessaire & le plus beau des Dieux ;
Toy dont l'actiuité, dont la bonté suprême
Se fait voir & sentir en tous lieux par soy-mesme :
Dis nous par quel destin, ou par quel nouueaux chois
Tu celebres tes jeux aux riuages François ?

APOLLON.

Si ces lieux fortunez ont tout ce qu'eût la Grece
De gloire, de valeur, de merite & d'adresse ;
Ce n'est pas sans raison qu'on y voit transferez
Ces jeux, qu'à mon honneur la terre a consacrez :

I'ay toûjours pris plaifir à verfer fur la France
De mes plus doux Rayons la benigne influence:
Mais le charmant objet qu'Hymen y fait regner,
Pour elle maintenant me fait tout defdaigner.

Depuis vn fi long-temps que pour le bien du monde
Ie fais l'immenfe tour de la terre & de l'onde,
Iamais je n'ay rien veu fi digne de mes feux,
Iamais vn fang fi noble, vn cœur fi genereux,
Iamais tant de lumiere auec tant d'innocence;
Iamais tant de jeuneffe auec tant de prudence;
Iamais tant de grandeur auec tant de bonté;
Iamais tant de fageffe auec tant de beauté.

Mille Climats diuers qu'on vit fous la puiffance
De tous les demi-Dieux dont elle prit naiffance,
Cedant à fon merite autant qu'à leur deuoir,
Se trouueront vn jour vnis fous fon pouuoir.

Ce qu'eurent de grandeurs & la France & l'Efpagne,
Les droicts de Charles-Quint, les droicts de Charle-Magne,
En elle, auec leur fang heureufement tranfmis,
Rendront tout l'Uniuers à fon Trofne foûmis:
Mais vn titre plus grand, vn plus noble partage
Qui l'efleue plus haut, qui luy plaift d'auantage;
Vn nom qui tient en foy les plus grands noms vnis,
C'eft le nom glorieux d'Efpoufe de L O V I S.

LE SIECLE D'ARGENT.

Quel deftin fait briller auec tant d'injuftice
Dans le fiecle de fer vn Aftre fi propice?

LE SIECLE D'OR.

Ah! ne murmure point contre l'ordre des Dieux,
Loin de s'en orgueillir, d'vn don fi precieux,
Ce fiecle qui du Ciel a merité la haine
En deuroit augurer fa ruïne prochaine,
Et voir qu'vne vertu qu'il ne peut fuborner,
Vient moins pour l'anoblir que pour l'exterminer.

Si-toft qu'elle paroift dans cette heureufe terre,
Voy comme elle en banit les fureurs de la guerre:
Comment depuis ce jour d'infatigables mains

Trauaillent fans relâche au bon-heur des humains ;
Par quels fecrets reffors vn Heros fe prepare
A chaffer les horreurs d'vn fiecle fi barbare,
Et me faire reuiure auec tous les plaifirs,
Qui peuuent contenter les innocens defirs.

LE SIECLE DE FER.

Ie fçais quels ennemis ont entrepris ma perte,
Leurs deffeins font connus, leur trafme eft defcouuerte ;
Mais mon cœur n'en eft pas à tel point abatu...

APOLLON.

Contre tant de grandeur, contre tant de vertu ;
Tous les monftres d'Enfer vnis pour ta deffenfe
Ne feroient qu'vne foible & vaine refiftance :
L'Vniuers opprimé de ton joug rigoureux,
Va goufter par ta fuite vn deftin plus heureux :
Il eft temps de ceder à la Loy fouueraine,
Qne t'impofent les vœux de cette augufte Reyne ;
Il eft temps de ceder aux trauaux glorieux
D'vn Roy fauorifé de la Terre & des Cieux :
Mais icy trop long-temps ce different m'arrefte,
A de plus doux combats cette Lice s'aprefte,
Allons la faire ouurir, & ployons des Lauriers,
Pour couronner le front de nos fameux Guerriers.

TOus ces Recits acheuez, la Courfe de Bague commença, en laquelle apres que le Roy eut fait admirer l'addreffe & la grace qu'il a en cét exercice, comme en tous les autres, & plufieurs belles Courfes ; & de tous ces Cheualiers, le Duc de Guife, les Marquis de Soyecourt & de la Valliere demeurerent à la difpute, dont ce dernier emporta le prix ; qui fut vne efpée d'or enrichie de Diamans, auec des boucles de baudrier de grande valeur, que donna la Reyne Mere, & dont elle l'honnora de fa main.

La nuit vint cependant à la fin des Courfes, par la jufteffe qu'on auoit eu à les commencer : Et vn nombre infiny de lumieres ayant efclairé tout ce beau lieu ; l'on vid entrer dans la mefme place.

Trente-quatre Concertans fort bien veftus, qui deuoient

preceder les Saifons; & faifoient le plus agreable concert du monde.

Pendant que les Saifons fe chargeoient des mets delicieux qu'elles deuoient porter, pour feruir deuant leurs Majeftez la magnifique collation qui eftoit preparée: Les douzes Signes du Zodiaque, & les quatre Saifons danferent dans le rond vne des plus belles entrées de Ballet, qu'on euft encore veuë.

Le Printemps parut en fuite fur vn Cheual d'Efpagne, reprefenté par Mad^{lle.} du Parc; qui auec le fexe & les aduantages d'vne femme, faifoit voir l'addreffe d'vn homme: Son habit eftoit vert en broderie d'argent, & de fleurs au naturel.

L'Efté le fuiuoit, reprefenté par le Sieur du Parc, fur vn Elephant, couuert d'vne riche houffe.

L'Automne auffi aduantageufement veftuë, reprefentée par le Sieur de la Thorilliere, venoit aprés monté fur vn Chameau.

L'Hyuer fuiuoit fur vn Ours, reprefenté par le Sieur Bejard.

Leur fuite eftoit compofée de quarante-huit perfonnes, qui portoient toutes fur leurs teftes de grands baffins pour la collation.

Les douze premiers couuerts de fleurs, portoient, comme des Iardiniers, des Corbeilles peintes de vert & d'argent, garnies d'vn grand nombre de porcelaines, fi remplies de confitures & d'autres chofes delicieufes de la Saifon, qu'ils eftoient courbez fous cét agreable faix.

Douze autres, comme Moiffonneurs, veftus d'habits conformes à cette profeffion, mais fort riches, portoient des baffins de cette couleur incarnate, qu'on remarque au Soleil Leuant, & fuiuoient l'Efté.

Douze veftus en Vandangeurs, eftoient couuerts de feuilles de vignes & de grappes de raifins; & portoient dans des paniers feuille-morte, remplis de petits baffins de cette mefme couleur, diuers autres fruits & confitures à la fuite de l'Automne.

Les douze derniers, eftoient des Vieillards gelez, dont les fourrures & la defmarche marquoient la froideur & la foibleffe, portant dans des baffins couuerts d'vne glace &

d'vne

d'vne neige si bien contrefaites, qu'on les eust pris pour la
chose mesme, ce qu'ils deuoient contribüer à la Collation,
& suiuoient l'Hyuer.

Quatorze Concertans de Pan & de Diane precedoient
ces deux Diuinitez, auec vne agreable Harmonie de Flustes
& de Musettes.

Elles venoient en suite sur vne Machine fort ingenieuse
en forme d'vne petite Montagne ou Roche ombragée de
plusieurs arbres; mais ce qui estoit plus surprenant, c'est
qu'on la voyoit portée en l'air, sans que l'artifice qui la
faisoit mouuoir, se peust descouurir à la veuë.

Vingt autres personnes les suiuoient, portant des viandes
de la Mesnagerie de Pan, & de la Chasse de Diane.

Dix-huit Pages du Roy fort richement vestus, qui deuoient seruir les Dames à Table, faisoient les derniers de
cette Troupe ; laquelle estant rangée, Pan, Diane & les
Saisons se presentant deuant la Reyne : Le Printemps luy
addressa le premier ces Vers.

LE PRINTEMPS.
A LA REYNE.

ENtre toutes les fleurs nouuellement écloses,
　　Dont mes jardins sont embellis,
Méprisant les jasmins, les œillets & les roses,
Pour payer mon tribut j'ay fait choix de ces lys,
Que de vos premiers ans vous auez tant cheris :
LOVIS les fait briller du couchant à l'aurore,
Tout l'Vniuers charmé les respecte & les craint ;
Mais leur regne est plus doux & plus puissant encore,
　　Quand ils brillent sur vostre teint.

L'ESTE'.

Surpris vn peu trop promptement,
J'apporte à cette Feste vn leger ornement ;
　　Mais auant que ma saison passe,
　　Ie feray faire à vos Guerriers,
　　Dans les campagnes de la Thrace,
　　Vne ample moisson de Lauriers.

C

L'Avtomne.

Le Printemps orgueilleux de la beauté des fleurs
Qui luy tomberent en partage,
Pretend de cette Feste auoir tout l'auantage,
Et nous croit obscurcir par ses viues couleurs:
Mais vous vous souuiendrez, Princesse sans seconde,
De ce fruict precieux qu'a produit ma saison,
Et qui croist dans vostre maison,
Pour faire quelque jour les delices du Monde.

L'Hyver.

La neige, les glaçons que j'apporte en ces lieux,
Sont des mets les moins precieux;
Mais ils sont des plus necessaires,
Dans vne Feste où mille objets charmans,
De leur œillades meurtrieres,
Font naistre tant d'embrazemens.

Diane.
A LA REYNE.

Nos bois, nos rochers, nos montagnes,
Tous nos chasseurs, & mes compagnes
Qui m'ont toûjours rendu des honneurs souuerains;
Depuis que parmy nous ils vous ont veu paroistre,
Ne veulent plus me reconnoistre,
Et chargez de presens, viennent auec moy
Vous porter ce tribut pour marque de leur foy.

Les habitans legers de cét heureux boccage,
De tomber dans vos rets font leur sort le plus doux,
Et n'estiment rien dauantage,
Que l'heur de perir de vos coups:
Amour dont vous auez la grace & le visage,
A le mesme secret que vous.

PAN.

Ieune Diuinité, ne vous estonnez pas,
Lors que nous vous offrons en ce fameux repas
L'eslite de nos bergeries:
Si nos troupeaux goustent en paix
Les herbages de nos prairies,
Nous deuons ce bon-heur à vos diuins attraits.

CEs Recits acheuez, vne grande Table en forme de Croiſ-
ſant, rond d'vn coſté, ou l'on deuoit couurir & garnir
de fleurs de celuy ou elle eſtoit creuze, vint à ſe deſcouurir.

Trente-ſix Viollons tres-bien veſtus, parurent derriere ſur
vn petit Theatre ; pendant que Meſſieurs de la Marche, &
Parfait Pere, Frere, & Fils Controlleurs Generaux, ſous les
noms de l'Abondance, de la Ioye, de la Propreté, & de la
Bonne-Chere ; l'a firent couurir par les Plaiſirs, par les Ieux,
par les Ris, & par les Delices.

Leurs Majeſtez s'y mirent en cét Ordre, qui preuint tous
les embarras, qui euſſent pû naiſtre pour les rangs.

La Reyne Mere eſtoit aſſiſe au milieu de la Table ; &
auoit à ſa main droite.

LEROY.
Mademoiſelle d'Alençon.
Madame la Princeſſe.
Mademoiſelle d'Elbeuf.
Madame de Bethune.
Madame la Ducheſſe de Crequy.
Monsievr.
Madame la Ducheſſe de S. Aignan.
Madame la Mareſchalle du Pleſſis.
Madame la Mareſchalle d'Eſtampes.
Madame de Gourdon.
Madame de Monteſpan.
Madame d'Humieres.
Mademoiſelle de Brancas.
Madame d'Armagnac.
Madame la Comteſſe de Soiſſons.
Madame la Princeſſe de Bade.
Mademoiſelle de Grançay.

DE L'AVTRE COSTE', ESTOIENT ASSISES.

LA REYNE.
Madame de Carignan.
Madame de Flaix.
Madame la Ducheſſe de Foix.
Madame de Brancas.
Madame de Froulay.

Madame la Ducheſſe de Nauailles.
Mademoiſelle d'Ardennes.
Mademoiſelle de Cologon.
Madame de Cruſſol.
Madame de Montauzier.
M A D A M E.
Madame la Princeſſe Benedicte.
Madame la Ducheſſe.
Madame de Rouuroy.
Mademoiſelle de la Mothe.
Madame de Marſé.
Mademoiſelle de la Valliere.
Mademoiſelle d'Artigny.
Mademoiſelle du Bellay.
Mademoiſelle de Dampierre.
Mademoiſelle de Fiennes.

La ſumptuoſité de cette Collation paſſoit tout ce qu'on en pourroit eſcrire, tant par l'abondance, que par la delicateſſe des choſes qui y furent ſeruies : Elle faiſoit auſſi le plus bel objet qui puiſſe tomber ſous les ſens ; puis que dans la nuit aupres de la verdeur de ces hautes paliſſades, vn nombre infiny de Chandeliers peints de vert & d'argent, portants chacun vingt-quatre bougies, & deux cent flambeaux de cire blanche, tenus par autant de perſonnes veſtus en Maſques, rendoient vne clarté, preſque auſſi grande & plus agreable que celle du jour. Tous les Cheualiers auec leurs Caſques couuerts de plumes de differentes couleurs, & leurs habits de la Courſe, eſtoient appuyez ſur la Barriere ; & ce grand nombre d'Officiers richement veſtus, qui ſeruoient, en augmentoient encore la beauté, & rendoient ce rond vne choſe enchantée, duquel apres la Collation, leurs Majeſtez & toute la Cour, ſortirent par le Portique oppoſé à la Barriere ; & dans vn grand nombre de Galeſches fort adjuſtées, reprirent le chemin du Chaſteau.

Fin de la premiere Iournée.

SECONDE IOVRNE'E

DES PLAISIRS

DE L'ISLE

ENCHANTE'E.

LORS que la nuit du second jour fut venuë, Leurs Majeſtez ſe rendirent dans vn autre rond enuironné de paliſſades comme le premier, & ſur la meſme ligne, s'auançant toûjours vers le Lac, ou l'on feignoit que le Palais d'Alcine eſtoit baſty.

Le deſſein de cette ſeconde Feſte, eſtoit que Roger & les Cheualiers de ſa Quadrille, apres auoir fait des merueilles aux Courſes, que par l'ordre de la belle Magicienne ils auoient fait en faueur de la Reyne, continüoient en ce meſme deſſein pour le diuertiſſement ſuiuant; & que l'Iſle flotante n'ayant point eſloigné le riuage de la France, ils donnoient à Sa Majeſté le plaiſir d'vne Comedie, dont la Scene eſtoit en Elide.

Le Roy fit donc couurir de toilles, en ſi peu de temps qu'on auoit lieu de s'en eſtonner, tout ce rond d'vne eſpece de Dome, pour deffendre contre le vent le grand nombre de Flambeaux & de Bougies qui deuoient eſclairer le Theatre, dont la decoration eſtoit fort agreable. Auſſi-toſt qu'on eut tiré la toille, vn grand Concert de pluſieurs inſtrumens ſe fit entendre : Et l'Aurore repreſentée par Mademoiſelle Hilaire, ouurit la Scene, & chanta ce Recit.

D

PREMIERE INTERMEDE.
SCENE PREMIERE.
RECIT DE L'AVRORE.

QVand l'Amour à vos yeux offre vn choix agreable,
　　Ieunes beautez laissez-vous enflamer:
Mocquez-vous d'affecter cét orgueil indomptable,
Dont on vous dit qu'il est beau de s'armer:
　　Dans l'âge ou l'on est aymable
　　Rien n'est si beau que d'aymer.

Soûpirez librement pour vn amant fidelle,
Et bravez ceux qui voudroient vous blasmer;
Vn cœur tendre est aymable, & le nom de cruelle
N'est pas vn nom à se faire estimer:
　　Dans le temps ou l'on est belle
　　Rien n'est si beau que d'aymer.

SCENE DEVXIESME.

Valets de Chiens, & Musiciens.

PEndant que l'Aurore chantoit ce Recit, quatre Valets de Chiens estoient couchez sur l'Herbe, dont l'vn (sous la figure de Liciscas, representé par le Sieur de Moliere, excellent Acteur, de l'inuention duquel estoient les Vers & toute la piece) se trouuoit au milieu de deux, & vn autre à ses pieds: Qui estoient les Sieurs Estiual, Don, & Blondel de la Musique du Roy, dont les voix estoient admirables.

Ceux-cy en se reueillant à l'arriuée de l'Aurore, si-tost qu'elle eut chanté, s'escrierent en Concert.

Hola? hola? debout, debout, debout:
Pour la Chasse ordonnée il faut preparer tout:
Hola? ho debout, viste debout.

Ier.

Iusqu'aux plus sombres lieux le jour se communique,

IIme.

L'air sur les fleurs en perles se resout.

IIIme.

Les Roßignols commencent leur Musique,
Et leurs petits concerts retentissent par tout.

TOVS ENSEMBLE.

Sus, sus debout, viste debout?
Qu'est-cecy, Liciscas, quoy? tu romfles encore,
Toy qui promettois tant de deuancer l'Aurore?
Allons debout, viste debout,
Pour la Chasse ordonnée il faut preparer tout,
Debout, viste debout, despeschons, debout.

Parlant à Lyciscas, qui dormoit.

LYCISCAS en s'esueillant.

Par la morbleu vous estes de grands braillars vous autres,
Et vous auez la gueule ouuerte de bon matin?

MVSICIENS.

Ne vois-tu pas le jour qui se respand par tout?
Allons debout, Lyciscas debout.

LYCISCAS.

Hé! laissez-moy dormir encor vn peu je vous conjure.

MVSICIENS.

Non, non debout, Lyciscas debout.

LYCISCAS.

Je ne vous demande plus qu'vn petit quart d'heure.

MVSICIENS.

Point, point debout, viste debout.

LYCISCAS.

Hé! je vous prie?

MVSICIENS.

Debout.

LYCISCAS.

Vn moment.

MVSICIENS.

Debout.

LYCISCAS.

De grace.

MVSICIENS.

Debout.

LYCISCAS.

Eh.

MVSICIENS.

Debout.

LYCISCAS.

Je....

MVSICIENS.

Debout.

LYCISCAS.

J'auray fait incontinent.

MVSICIENS.

Non, non debout, Lyciscas debout :
Pour la Chasse ordonnée il faut preparer tout ;
Viste debout, despeschons, debout.

LYCISCAS.

Et bien laissez-moy, je vais me leuer : Vous estes d'estranges
gens de me tourmenter comme cela : Vous serez cause que je
ne me porteray pas bien de toute la journée ; car voyez-vous,
le sommeil est necessaire à l'homme, & lors qu'on ne dort pas
sa refection, il arriue... que... on est....

Ier.

Lyciscas.

IIme.

Lyciscas.

IIIme.

Lyciscas.

TOVS ENSEMBLE.

Lyciscas.

LYCISCAS.

Diable soit les brailleurs, je voudrois que vous eußiez la gueulle pleine de bouillie bien chaude.

MVSICIENS.

Debout, debout viste debout, despeschons debout.

LYCISCAS.

Ah! qu'elle fatigue de ne pas dormir son sou.

Ier.

Hola? oh.

IIme.

Hola? oh.

IIIme.

Hola? oh.

TOVS ENSEMBLE.

Oh! oh! oh! oh! oh.

LYCISCAS.

Oh! oh! oh! oh. La peste soit des gens auec leurs chiens de hurlemens, je me donne au Diable si je ne vous assomme: Mais voyez vn peu quel diable d'entoustasme il leur prend, de me venir chanter aux oreilles comme cela, je......

MVSICIENS.

Debout.

LYCISCAS.

Encore.

MVSICIENS.

Debout.

LYCISCAS.

Le Diable vous emporte.

MVSICIENS.

Debout.

D iij

LYCISCAS en ſe leuant.

Quoy toûjours ? a-t'on jamais veu vne pareille furie de chanter : par le ſang bleu j'enrage, puiſque me voila eſueillé il faut que j'éueille les autres, & que je les tourmente comme on m'a fait. Allons ho ? Meßieurs, debout, debout, viſte c'eſt trop dormir. Ie vais faire vn bruit de Diable par tout, debout, debout, debout : Allons viſte, ho, ho, ho ? Debout, debout, pour la Chaſſe ordonnée il faut preparer tout, debout, debout, Lyciſcas debout ? ho ! ho ! ho ! ho ! ho.

Lyciſcas s'eſtant leué auec toutes les peines du monde, & s'eſtant mis à crier de toute ſa force, pluſieurs Cors & Trompes de Chaſſe ſe firent entendre, & concertées auec les Violons commencerent l'air d'vne entrée, ſur laquelle ſix Valets de Chiens danſerent auec beaucoup de juſteſſe & diſpoſition ; reprenant à certaines cadances le ſon de leurs Cors & Trompes : C'eſtoient les Sieurs Payſan, Chicanneau, Noblet, Peſan, Bonard, & la Pierre.

NOMS DES ACTEVRS
de la Comedie.

LA PRINCESSE D'ELIDE.	Mademoiſelle de Moliere.
AGLANTE, Couſine de la Princeſſe.	Mademoiſelle du Parc.
CINTHIE, Couſine de la Princeſſe.	Mademoiſelle de Brie.
PHILIS, ſuiuante de la Princeſſe.	Mademoiſelle Bejart.
IPHITAS, Pere de la Princeſſe.	Le Sieur Hubert.
EVRIALE, ou le Prince d'Ithaque.	Le Sieur de la Grange.
ARISTOMENE, ou le Prince de Meſſene.	Le Sieur du Croiſy.
THEOCLE, ou le Prince de Pyle.	Le Sieur Bejart.
ARBATE, Gouuerneur du Prince d'Ithaque.	Le Sieur de la Thorilliere.
MORON, plaiſant de la Princeſſe.	Le Sieur de Moliere.
Vn Suiuant.	Le Sieur Preuoſt.

ACTE PREMIER.
ARGVMENT.

CEtte Chasse qui se preparoit ainsi, estoit celle d'vn
Prince d'Elide, lequel estant d'humeur galante & magnifique, & souhaittant que la Princesse sa fille se resolust à
aymer & à penser au mariage, qui estoit fort contre son in-
clination, auoit fait venir en sa Cour les Princes d'Ithaque,
de Messene & de Pyle; afin que dans l'exercice de la
Chasse qu'elle aymoit fort, & dans d'autres jeux, comme
des Courses de Chars & semblables magnificences, quelqu'vn de ces Princes peust luy plaire & deuenir son espoux.

SCENE PREMIERE.

EVriale Prince d'Ithaque amoureux de la Princesse d'E-
lide, & Arbate son Gouuerneur, lequel indulgent à
la passion du Prince, le loüa de son amour au lieu de l'en
blasmer, en des termes fort galands.

EVRIALE ARBATE.

ARBATE.

CE silence resueur dont la sombre habitude
Vous fait à tous momens chercher la solitude,
Ces longs soûpirs que laisse eschapper vostre cœur,
Et ces fixes regards si chargez de langueur,
Disent beaucoup sans doute à des gens de mon âge;
Et je pense, Seigneur, entendre ce langage:
Mais sans vostre congé de peur de trop risquer
Ie n'ose m'enhardir jusques à l'expliquer.

EVRIALE.

Explique, explique Arbate, auec toute licence
Ces soûpirs, ces regards, & ce morne silence:

Je te permets icy de dire que l'Amour
M'a rangé sous ses loix, & me braue à son tour:
Et je consens encore que tu me fasse honte
Des foiblesses d'vn cœur qui souffre qu'on le dompte.

ARBATE.

Moy vous blasmer, Seigneur, des tendres mouuemens,
Où je vois qu'aujourd'huy panchent vos sentimens;
Le chagrin des vieux jours ne peut aigrir mon ame
Contre les doux transports de l'amoureuse flame,
Et bien que mon sort touche à ses derniers Soleils,
Je diray que l'Amour sied bien à vos pareils:
Que ce tribut qu'on rend aux traits d'vn beau visage
De la beauté d'vne ame est vn clair tesmoignage,
Et qu'il est mal-aisé que sans estre amoureux
Vn jeune Prince soit & grand & genereux:
C'est vne qualité que j'ayme en vn Monarque,
La tendresse de cœur est vne grande marque,
Et je croy que d'vn Prince on peut tout presumer
Dés qu'on voit que son ame est capable d'aymer.
Oüy cette passion de toutes la plus belle
Traisne dans vn esprit cent vertus apres elle,
Aux nobles actions elle pousse les cœurs,
Et tous les grands Heros ont senty ses ardeurs;
Deuant mes yeux, Seigneur, a passé vostre enfance,
Et j'ay de vos vertus veu fleurir l'esperance;
Mes regards obseruoient en vous des qualitez
Où je reconnoissois le sang dont vous sortez;
J'y descouurois vn fonds d'esprit & de lumiere,
Ie vous trouuois bien fait, l'air grand, & l'ame fiere;
Vostre cœur, vostre adresse esclatoient chaque jour:
Mais je m'inquietois de ne voir point d'amour,
Et puisque les langueurs d'vne playe inuincible
Nous montrent que vostre ame à ses traits est sensible,
Ie triomphe, & mon cœur d'allegresse remply
Vous regarde à present comme vn Prince accomply.

EVRIALE.

Si de l'amour vn temps j'ay braué la puissance,
Helas! mon cher Arbate, il en prend bien vengeance!

Et

Et sçachant dans quels maux mon cœur s'est ab[...]
Toy-mesme, tu voudrois qu'il n'eust jamais aymé :
Car enfin voy le sort où mon Astre me guide,
J'ayme, j'ayme ardamment la Princesse d'Elide,
Et tu sçais quel orgueil sous des traits si charmans
Arment contre l'Amour ses jeunes sentimens ;
Et comment elle fuit dans cette illustre feste
Cette foule d'amans qui briguent sa conqueste.
Ah ! qu'il est bien peu vray que ce qu'on doit aymer
Aussi-tost qu'on le voit prend droit de nous charmer,
Et qu'vn premier coup d'œil allume en nous les flames
Ou le Ciel en naissant a destiné nos ames.
A mon retour d'Argos je passay dans ces lieux,
Et ce passage offrit la Princesse à mes yeux ;
Je vis tous les appas dont elle est reuestuë,
Mais de l'œil dont on voit vne belle Statuë :
Leur brillante jeunesse obseruée à loisir
Ne porta dans mon ame aucun secret desir,
Et d'Ithaque en repos je reuis le riuage
Sans m'en estre en deux ans rapellé nulle Image :
Vn bruit vient cependant à respandre à ma Cour
Le celebre mespris qu'elle fait de l'Amour ;
On publie en tous lieux que son ame hautaine
Garde pour l'Hymenée vne inuincible hayne,
Et qu'vn arc à la main, sur l'espaule vn carquois,
Comme vne autre Diane elle hante les bois,
N'ayme rien que la Chasse, & de toute la Grece
Fait soûpirer en vain l'heroïque jeunesse.
Admire nos esprits, & la fatalité,
Ce que n'auoit point fait sa veuë & sa beauté,
Le bruit de ses fiertez en mon ame fit naistre
Vn transport inconnû, dont je ne fus point maistre ;
Ce dedain si fameux eut des charmes secrets
A me faire auec soin rapeller tous ses traits,
Et mon esprit jettant de nouueaux yeux sur elle
M'en refit vne image & si noble & si belle ;
Me peignit tant dè gloire, & de telles douceurs
A pouuoir triompher de toutes ses froideurs,

E

Que mon cœur aux brillans d'vne telle victoire
Vit de sa liberté s'éuanoüir la gloire ;
Contre vne telle amorce il eut beau s'indigner,
Sa douceur sur mes sens prit tel droit de regner,
Qu'entraisné par l'effort d'vne occulte puissance
I'ay d'Ithaque en ces lieux fait voile en diligence,
Et je couure vn effet de mes vœux enflammez
Du desir de paroistre à ces jeux renommez,
Ou l'Illustre Iphitas, pere de la Princesse,
Assemble la pluspart des Princes de la Grece.

ARBATE.

Mais à quoy bon, Seigneur, les soins que vous prenez ?
Et pourquoy ce secret ou vous vous obstinez ?
Vous aymez, dites-vous, cette illustre Princesse,
Et venez à ses yeux signaler vostre adresse,
Et nuls empressemens, paroles, ny soûpirs
Ne l'ont instruite encor de vos brûlans desirs.
Pour moy je n'entens rien à cette politique
Qui ne veut point souffrir que vostre cœur s'explique,
Et je ne sçay quel fruit peut pretendre vn amour
Qui fuit tous les moyens de se produire au jour.

EVRIALE.

Et que feray-je, Arbate, en declarant ma peine,
Qu'attirer les dedains de cette ame hautaine ?
Et me jetter au rang de ces Princes soûmis
Que le titre d'amans luy peint en ennemis ?
Tu vois les Souuerains de Messene & de Pyle
Luy faire de leurs cœurs vn hommage inutile,
Et de l'esclat pompeux des plus hautes vertus
En appuyer en vain les respects assidus :
Ce rebut de leurs soins, sous vn triste silence,
Retient de mon amour toute la violence ;
Ie me tiens condamné dans ces Riuaux fameux,
Et je lis mon arrest au mespris qu'on fait d'eux.

ARBATE.

Et c'est dans ce mespris, & dans cette humeur fiere
Que vostre ame à ses vœux doit voir plus de lumiere,

Puifque le fort vous donne à conquerir vn cœur,
Que deffend feulement vne jeune froideur,
Et qui n'impofe point à l'ardeur qui vous preffe
De quelque attachement l'inuincible tendreffe :
Vn cœur preocupé refifte puiffamment ;
Mais quand vne ame eft libre, on la force aifement,
Et toute la fierté de fon indifferance
N'a rien dont ne triomphe vn peu de patience.
Ne luy cachez donc plus le pouuoir de fes yeux,
Faites de voftre flâme vn éclat glorieux,
Et bien loin de trembler de l'exemple des autres,
Du rebut de leurs vœux enflez l'efpoir des voftres :
Peut-eftre pour toucher ces feueres appas
Aurez vous des fecrets que ces Princes n'ont pas ;
Et fi de fes fiertez l'imperieux caprice
Ne vous fait éprouuer vn deftin plus propice,
Au moins eft-ce vn bon-heur en ces extrémitez
Que de voir auec foy fes riuaux rebutez.

E V R I A L E.

J'ayme à te voir preffer cét aueu de ma flâme,
Combattant mes raifons tu chatouilles mon ame,
Et par ce que j'ay dit je voulois prefentir
Si de ce que j'ay fait tu pourrois m'applaudir :
Car, enfin, puis qu'il faut t'en faire confidence,
On doit à la Princeffe expliquer mon filence,
Et peut-eftre au moment que je t'en parle icy
Le fecret de mon cœur, Arbate, eft efclaircy.
Cette Chaffe où, pour fuïr la foule qui l'adore,
Tu fçais qu'elle eft allée au leuer de l'Aurore,
Eft le temps dont Moron pour declarer mon feu
A pris....

A R B A T E.

Moron, Seigneur.

E V R I A L E.

Ce choix t'eftonne vn peu ;
Par fon titre de fou tu crois le bien connoiftre :
Mais fçache qu'il l'eft moins qu'il ne le veut paroiftre,

Et que malgré l'employ qu'il exerce aujourd'huy
Il a plus de bon sens que tel qui rit de luy :
La Princeße se plaiſt à ſes bouffonneries ,
Il s'en eſt fait aymer par cent plaiſanteries ,
Et peut dans cét accez dire & perſuader
Ce que d'autres que luy n'oſeroient hazarder ;
Ie le voy propre, enfin, à ce que j'en ſouhaitte ,
Il a pour moy, dit-il, vne amitié parfaite ,
Et veut, (dans mes eſtats ayant receu le jour)
Contre tous mes Riuaux appuyer mon amour :
Quelque argent mis en main pour ſouſtenir ce zele...

SCENE DEVXIESME.

MOron, repreſenté par le Sieur de Moliere, arriue, & ayant le ſouuenir d'vn furieux Sanglier, deuant lequel il auoit fuy à la Chaſſe, demande ſecours, & rencontrant Euriale & Arbate ſe met au milieu d'eux pour plus de ſeureté, apres leur auoir teſmoigné ſa peur & leur diſant cent choſes plaiſantes ſur ſon peu de brauoure.

MORON. ARBATE. EVRIALE.

MORON ſans eſtre veu.

AV ſecours ! ſauuez-moy de la beſte cruelle !

EVRIALE.

Ie penſe ouïr ſa voix ?
MORON ſans eſtre veu.
                    A moy de grace, à moy ?
EVRIALE.
C'eſt luy-meſme, ou court-il auec vn tel effroy ?
MORON.
Ou pourray-je éuiter ce Sanglier redoutable ?
Grands Dieux ! preſeruez-moy de ſa dent effroyable ?
Ie vous promets, pourueu qu'il ne m'attrape pas,
Quatre liures d'encens, & deux veaux des plus gras.
Ha ! je ſuis mort !

E V R I A L E.

Qu'as-tu?

M O R O N.

      Ie vous croyois la beste
Dont à me diffamer j'ay veu la gueule preste,
Seigneur, & je ne puis reuenir de ma peur.

E V R I A L E.

Qu'est-ce?

M O R O N.

    O! que la Princesse est d'vne estrange humeur!
Et qu'à suiure la Chasse & ses extrauagances
Il nous faut essuyer de sottes complaisances!
Quel diable de plaisir trouuent tous les Chasseurs
De se voir exposez à mille & mille peurs,
Encore si c'estoit qu'on ne fust qu'à la Chasse
Des Lieures, des Lapins, & des jeunes Daims, passe;
Ce sont des animaux d'vn naturel fort doux,
Et qui prennent toûjours la fuitte deuant nous:
Mais aller attaquer de ces bestes vilaines
Qui n'ont aucun respect pour les faces humaines,
Et qui courent les gens qui les veulent courir,
C'est vn sot passe-temps que je ne puis souffrir.

E V R I A L E.

Dy-nous donc ce que c'est?

M O R O N en se tournant.

      Le penible exercice
Ou de nostre Princesse a volé le caprice!....
I'en aurois bien juré qu'elle auroit fait le tour,
Et la course des Chars se faisant en ce jour,
Il falloit affecter ce contre-temps de Chasse
Pour mespriser ces jeux auec meilleure grace,
Et faire voir... Mais chut, acheuons mon recit,
Et reprenons le fil de ce que j'auois dit.
Qu'ay-je dit?

E V R I A L E.

Tu parlois d'exercice penible.

MORON.

Ah! oüy, succombant donc à ce trauail horrible;
Car en Chasseur fameux j'estois enharnaché,
Et dés le point du jour je m'estois découché:
Je me suis écarté de tous en galand homme,
Et trouuant vn lieu propre à dormir d'vn bon somme
J'essayois ma posture, & m'ajustant bien-tost,
Prenois déja mon ton pour ronfler comme il faut
Lors qu'vn murmure affreux m'a fait leuer la veuë.
Et j'ay d'vn vieux buisson de la forest touffuë
Veu sortir vn Sanglier d'vne énorme grandeur
Pour....

EVRIALE.

Qu'est-ce?

MORON.

Ce n'est rien, n'ayez point de frayeur?
Mais laissez-moy passer entre vous deux pour cause,
Ie seray mieux en main pour vous conter la chose:
J'ay donc veu ce Sanglier, qui par nos gens chassé
Auoit d'vn air affreux tout son poil herissé;
Ces deux yeux flamboyans ne lançoient que menace,
Et sa gueule faisoit vne laide grimace,
Qui parmy de l'écume à qui l'osoit presser
Montroit de certains crocs... je vous laisse à penser?
A ce terrible aspect j'ay ramassé mes armes;
Mais le faux animal sans en prendre d'allarmes
Est venu droit à moy, qui ne luy disois mot.

ARBATE

Et tu l'as de pié ferme attendu?

MORON.

Quelque sot,
J'ay jetté tout par terre, & courru comme quatre.

ARBATE.

Fuïr deuant vn Sanglier ayant dequoy l'abatre,
Ce trait, Moron, n'est pas genereux...

MORON.

I'y consens,
Il n'est pas genereux, mais il est de bon sens.

ARBATE.

Mais par quelques exploits, si l'on ne s'éternise......

MORON.

Ie suis vostre valet, & j'ayme mieux qu'on dise,
C'est icy qu'en fuyant sans se faire prier
Moron sauua ses jours des fureurs d'vn Sanglier,
Que si l'on y disoit, voila l'illustre place
Ou le braue Moron, d'vne heroïque audace,
Affrontant d'vn Sanglier l'impetueux effort
Par vn coup de ses dents vit terminer son sort.

EVRIALE.

Fort bien...

MORON.

Oüy j'ayme mieux, n'en déplaise à la gloire,
Viure au monde deux jours que mille ans dans l'histoire.

EVRIALE.

En effet ton trespas fascheroit tes amis;
Mais si de ta frayeur ton esprit est remis
Puis-je te demander si du feu qui me brule.....

MORON.

Il ne faut point, Seigneur, que je vous dissimule,
Ie n'ay rien fait encor, & n'ay point rencontré
De temps pour luy parler qui fut selon mon gré:
L'office de bouffon a des prerogatiues;
Mais souuent on rabat nos libres tentatiues:
Le discours de vos feux est vn peu delicat,
Et c'est chez la Princesse vne affaire d'estat;
Vous sçauez de quel titre elle se glorifie,
Et qu'elle a dans la teste vne Philosophie
Qui declare la guerre au conjugal lien,

Et vous traitte l'Amour de deïté de rien :
Pour n'effaroucher point son humeur de tigresse
Il me faut manier la chose auec adresse ;
Car on doit regarder comme l'on parle aux grans,
Et vous estes par fois d'assez fascheuses gens.
Laissez-moy doucement conduire cette trame,
Ie me sens là pour vous vn zele tout de flame,
Vous estes né mon Prince, & quelques autres nœuds
Pourroient contribüer au bien que je vous veux :
Ma mere dans son temps passoit pour assez belle,
Et naturellement n'estoit pas fort cruelle ;
Feu vostre Pere alors, ce Prince genereux,
Sur la galanterie estoit fort dangereux,
Et je sçay qu'Elpenor, qu'on appelloit mon Pere,
A cause qu'il estoit le mary de ma Mere,
Contoit pour grand honneur aux Pasteurs d'aujourd'huy
Que le Prince autrefois estoit venu chez luy,
Et que durant ce temps il auoit l'auantage
De se voir salüé de tous ceux du village :
Baste, quoy qu'il en soit je veux par mes trauaux :
Mais voicy la Princesse, & deux de vos Riuaux.

SCENE TROISIESME.

LA Princeffe d'Elide parut en fuite, auec les Princes de Meffene & de Pyle, lefquels firent remarquer en eux des caracteres bien differens de celuy du Prince d'Ithaque; & luy cederent dans le cœur de la Princeffe tous les auantages qu'il y pouuoit defirer: Cette aymable Princeffe ne tefmoigña pas pourtant que le merite de ce Prince euft fait aucune impreffion fur fon efprit, & qu'elle l'euft quafi remarqué; elle tefmoigna toûjours, comme vne autre Diane, n'aymer que la Chaffe & les Forefts, & lors que le Prince de Meffene voulut luy faire valoir le feruice qui luy auoit rendu, en la desfaifant d'vn fort grand Sanglier qui l'auoit attaquée; elle luy dit que fans rien diminüer de fa reconnoiffance, elle trouuoit fon fecours d'autant moins confiderable, qu'elle en auoit tué toute feule d'auffi furieux, & fut peut-eftre bien encore venuë à bout de celuy-cy.

LA PRINCESSE & fa fuite.

ARISTOMENE, THEOCLE, EVRIALE, ARBATE, MORON.

ARISTOMENE.

Reprochez-vous, Madame, à nos juftes allarmes
Ce peril dont tous deux auons fauué vos charmes,
I'aurois penfé pour moy qu'abattre fous nos coups
Ce Sanglier qui portoit fa fureur jufqu'à vous,
Eftoit vne auanture (ignorant voftre Chaffe)
Dont à nos bons deftins nous deuffions rendre grace:
Mais à cette froideur je connois clairement
Que je dois conceuoir vn autre fentiment,
Et quereller du fort la fatale puiffance
Qui me fait auoir part à ce qui vous offence.

THEOCLE.

Pour moy je tiens, Madame, à fenfible bon-heur

F

L'action ou pour vous a volé tout mon cœur,
Et ne puis consentir malgré vostre murmure
A quereller le sort d'vne telle auanture :
D'vn objet odieux je sçay que tout deplaist ;
Mais deut vostre couroux estre plus grand qu'il n'est,
C'est extreme plaisir, quand l'amour est extreme,
De pouuoir d'vn peril affranchir ce qu'on ayme.

LA PRINCESSE.

Et pensez-vous, Seigneur, puis qu'il me faut parler,
Qu'il eut en ce peril dequoy tant m'ebranler ?
Que l'arc, & que le dard, pour moy si pleins de charmes,
Ne soient entre mes mains que d'inutiles armes ?
Et que je fasse, enfin, mes plus frequens emplois
De parcourir nos monts, nos pleines, & nos bois,
Pour n'oser en chassant conceuoir l'esperance
De suffire moy seule à ma propre deffence ?
Certes auec le temps j'aurois bien profité
De ces soins assidus dont je fais vanité
S'il falloit que mon bras, dans vne telle queste,
Ne pust pas triompher d'vne chetiue beste ;
Du moins si pour pretendre à de sensibles coups
Le commun de mon sexe est trop mal auec vous,
D'vn étage plus haut accordez-moy la gloire,
Et me faites tous deux cette grace de croire,
Seigneurs, que quelque fut le Sanglier d'aujourd'huy,
I'en ay mis bas, sans vous, de plus mechans que luy.

THEOCLE.

Mais, Madame....

LA PRINCESSE.

Et bien soit, je voy que vostre enuie
Est de persuader que je vous dois la vie ;
Iy consens ; Ouy sans vous c'estoit fait de mes jours,
Ie rends de tout mon cœur grace à ce grand secours,
Et je vais de ce pas au Prince pour luy dire
Les bontez que pour moy vostre amour vous inspire.

SCENE QVATRIESME.
EVRIALE. MORON. ARBATE.

MORON.

HEu! a t-on jamais veu de plus farouche esprit?
De ce vilain Sanglier l'heureux trepas l'aigrit:
O comme volontiers j'aurois d'vn beau salaire
Recompensé tantoft qui m'en eut fçeu deffaire!

ARBATE

Je vous voy tout penfif, Seigneur, de fes dedains;
Mais ils n'ont rien qui doiuent empefcher vos deffeins,
Son heure doit venir, & c'eft à vous poffible
Qu'eft referué l'honneur de la rendre fenfible.

MORON.

Il faut qu'auant la courfe elle apprenne vos feux
Et je....

EVRIALE.

Non, ce n'eft plus, Moron, ce que je veux;
Garde-toy de rien dire, & me laiffe vn peu faire,
J'ay refolu de prendre vn chemin tout contraire;
Ie voy trop que fon cœur s'obftine a dedaigner
Tous ces profonds refpects qui penfent la gagner,
Et le Dieu qui m'engage à foûpirer pour elle
M'infpire pour la vaincre vne adreffe nouuelle:
Ouy, c'eft luy d'où me vient ce foudain mouuement,
Et j'en attens de luy l'heureux éuenement.

ARBATE.

Peut-on fçauoir, Seigneur, par où voftre efperance?
EVRIALE.
Tu le vas voir, allons, & garde le filence.

Fin du premier Acte.

DEVXIESME INTERMEDE.

ARGVMENT.

L'Agreable Moron laiſſa aller le Prince pour parler de ſa paſſion naiſſante aux bois & aux rochers, & faiſant retentir par tout le beau nom de ſa Bergere Philis, vn Echo ridicule luy reſpondant bizarement, il y prit ſi grand plaiſir, que riant en cent manieres, il fit reſpondre autant de fois cét Echo, ſans teſmoigner d'en eſtre ennuyé : Mais vn Ours vint interrompre ce beau diuertiſſement, & le ſurprit ſi fort par cette veuë peu attenduë, qu'il donna des ſenſibles marques de ſa peur : Il luy fit faire deuant l'Ours toutes les ſoûmiſſions dont il ſe pût auiſer pour l'adoucir : Enfin ſe jettant à vn arbre pour y monter, comme il vit que l'Ours y vouloit grimper auſſi bien que luy ; il cria au ſecours d'vne voix ſi haute, qu'elle attira huit Payſans armez de baſtons à deux bouts & d'eſpieux, pendant qu'vn autre Ours parut en ſuite du premier. Il ſe fit vn Combat qui finit par la mort d'vn des Ours, & par la fuite de l'autre.

SCENE PREMIERE.

MORON.

IVſqu'au reuoir ; pour moy je reſte icy, & j'ay vne petite
conuerſation à faire auec ces arbres & ces rochers.
Bois, prez, fontaines, fleurs qui voyez mon teint bleſme,
Si vous ne le ſçavez, je vous aprens que j'aime ;
Philis eſt l'objet charmant
Qui tient mon cœur à l'attache,
Et je deuins ſon amant
La voyant traire vne Vache.

Ses doigts tout plains de lait, & plus blancs mille fois
Preſſoient les bouts du pis d'vne grace admirable :
Ouf ! cette idée eſt capable
De me reduire aux abois.

Ah ! Philis, Philis , Philis.
Ah ! hem. ah ah ah ! hi hi hi. oh oh oh oh.
Voilà vn echo qui eſt boufon ! hom hom hom. ha ha ha ha ha.
vh vh vh. Voilà vn echo qui eſt boufon !

SCENE DEVXIESME.

VN OVRS. MORON.

MORON.

AH ! monſieur l'Ours, je ſuis voſtre ſeruiteur de tout mon cœur : de grace epargneℨ-moy ? je vous aſſeure que je ne vaux rien du tout à manger, je n'ay que la peau & les os, & je voy de certaines gens la bas qui ſeroient bien mieux voſtre affaire. Eh ! Eh ! Eh ! monſeigneur, tout doux s'il vous plaiſt. La la la la. ah ! monſeigneur que voſtre alteſſe eſt jolie & bien faite ; elle a tout à fait l'air galand & la taille la plus mignonne du monde. Ah beau poil ! belle teſte ! beaux yeux brillans & bien fendus ! ah beau petit neℨ ! belle petite bouche, petites quenotes jolies ! ah belle gorge ! belles petites menottes ! petits ongles bien faits. A l'aide, au ſecours, je ſuis mort, miſericorde, pauure Moron, ah mon Dieu ! & viſte, à moy à moy, je ſuis perdu ! Eh , meſſieurs ayeℨ pitié de moy ? bon meſſieurs tueℨ moy ce vilain animal là. O Ciel ! daigne les aſſiſter. Bon le voila qui fuit, le voila qui s'arreſte & qui ſe jette ſur eux. Bon en voila vn qui vient de luy donner vn coup dans la gueule. Les voila tous à lentour de luy. Courage, ferme , allons mes amis. Bon , pouſſeℨ fort, encore , ah ! le voilà qui eſt à terre , c'en eſt fait il eſt mort , deſcendons maintenant pour luy donner cent coups. Seruiteur Meſſieurs, je vous rends grace de m'auoir deliuré de cette beſte , maintenant que vous l'auez tuée je m'en vais l'acheuer , & en triompher auec vous.

Les Chaſ-
ſeurs pa-
roiſſent.

Ces heureux Chasseurs, n'eurent pas plustost remporté
cette victoire, que Moron deuenu braue par l'esloigne-
ment du peril, voulut aller donner mille coups à la beste,
qui n'estoit plus en estat de se deffendre, & fit tout ce qu'vn
fanfaron, qui n'auroit pas esté trop hardy, eust pû faire en
cette occasion; & les Chasseurs pour tesmoigner leur joye,
danserent vne fort belle Entrée: C'estoient les Sieurs Chicanneau, Baltazard, Noblet, Bonard, Manceau, Magny,
& la Pierre.

ACTE DEVXIESME.
ARGVMENT.

LE Prince d'Ithaque & la Princeſſe eurent vne conuerſation fort galante ſur la Courſe des Chars qui ſe preparoit : Elle auoit dit auparauant à vne des Princeſſes ſes
Parentes, que l'inſenſibilité du Prince d'Ithaque luy donnoit
de la peine & luy eſtoit honteuſe : qu'encore qu'elle ne
vouluſt rien aymer, il eſtoit bien faſcheux de voir qu'il
n'aymoit rien ; & que quoy qu'elle euſt reſolu de n'aller
point voir les Courſes, elle s'y vouloit rendre, dans le
deſſein de taſcher à triompher de la liberté d'vn homme
qui la cheriſſoit ſi fort. Il eſtoit facile de juger que le
merite de ce Prince produiſoit ſon effet ordinaire, que ſes
belles qualitez auoient touché ſe cœur ſuperbe : & commencé à fondre vne partie de cette glace qui auoit re-
ſiſté juſques alors à toutes les ardeurs de l'Amour, & plus
il affectoit, (par le conſeil de Moron qu'il auoit gagné, &
qui connoiſſoit fort le cœur de la Princeſſe,) de paroiſtre
inſenſible, quoy qu'il ne fut que trop amoureux, plus la
Princeſſe ſe mettoit dans la teſte de l'engager, quoy qu'elle
n'euſt pas fait deſſein de s'engager elle-meſme. Les Princes
de Meſſene & de Pyle prirent lors congé d'elle pour s'aller
preparer aux Courſes, & luy parlant de l'eſperance qu'ils
auoient de vaincre, par le deſir qu'ils ſentoient de luy plaire :
Celuy d'Ithaque luy teſmoigna au contraire, que n'ayant
jamais rien aymé, il alloit eſſayer à vaincre pour ſa propre
ſatisfaction, ce qui la picqua encore d'auantage, & qui
l'engagea à vouloir ſoûmettre vn cœur déja aſſez ſoû-
mis, mais qui ſçauoit déguiſer ſes ſentimens le mieux du
monde.

SCENE PREMIERE.
LA PRINCESSE, AGLANTE, CINTHIE.

LA PRINCESSE.

OVy, j'ayme à demeurer dans ces paisibles lieux,
On n'y descouure rien qui n'enchante les yeux,
Et de tous nos Palais la sçauante structure
Cede aux simples beautez qu'y forme la nature:
Ces Arbres, ces Rochers, cette Eau, ces Gazons frais
Ont pour moy des appas à ne lasser jamais.

AGLANTE.

Ie cheris comme vous ces retraites tranquilles
Ou l'on se vient sauuer de l'embarras des Villes;
De mille objets charmans ces lieux sont embellis,
Et ce qui doit surprendre, est qu'aux portes d'Elis
La douce passion de fuyr la multitude
Rencontre une si belle, & vaste solitude:
Mais à vous dire vray dans ces jours esclatans
Vos retraites icy me semblent hors de temps,
Et c'est fort mal-traiter l'appareil magnifique
Que chaque Prince a fait pour la feste publique:
Ce spectacle pompeux de la course des Chars
Deuroit bien meriter l'honneur de vos regards.

LA PRINCESSE.

Quel droit ont-ils chacun d'y vouloir ma presence,
Et que dois-je apres tout à leur magnificence?
Ce sont soins que produit l'ardeur de m'acquerir,
Et mon cœur est le prix qu'ils veulent tous courir:
Mais quelque espoir qui flate un projet de la sorte
Ie me tromperay fort si pas un deux l'emporte.

CINTHIE.

Iusques à quand ce cœur veut-il s'effaroucher
Des innocens desseins qu'on a de le toucher?
Et regarder les soins que pour vous on se donne

Comme

Comme autant d'attentats contre voftre perfonne?
Ie fçay qu'en deffendant le party de l'Amour
On s'expofe chez vous à faire mal fa cour:
Mais ce que par le fang j'ay l'honneur de vous eftre
S'oppofe aux duretez que vous faites paroiftre,
Et je ne puis nourrir d'vn flateur entretien
Vos refolutions de n'aymer jamais rien.
Eft-il rien de plus beau que l'innocente flame
Qu'vn merite efclatant allume dans vn ame?
Et feroit-ce vn bonheur de refpirer le jour
Si d'entre les mortels on banniffoit l'Amour?
Non, non tous les plaifirs fe gouftent à le fuiure,
Et viure fans aymer n'eft pas proprement viure.

ADVIS.

LE deffein de l'Autheur eftoit de traiter ainfi toute la Comedie; mais vn commandement du Roy qui preffa cette affaire, l'obligea d'acheuer tout le refte en profe, & de paffer legerement fur plufieurs Scenes, qu'il auroit eftenduës d'auantage, s'il auoit eu plus de loifir.

AGLANTE.

Pour moy je tiens que cette paffion eft la plus agreable affaire de la vie, qu'il eft neceffaire d'aymer pour viure heureufement, & que tous les plaifirs font fades s'il ne s'y mefle vn peu d'amour.

LA PRINCESSE.

Pouuez-vous bien toutes deux, eftant ce que vous eftes, prononcer ces paroles; & ne deuez-vous pas rougir d'appuyer vne paffion qui n'eft qu'erreur, que foibleffe & qu'emportement, & dont tous les defordres ont tant de repugnance auec la gloire de noftre fexe. I'en pretens fouftenir l'honneur jufqu'au dernier moment de ma vie: Et ne veux point du tout me commettre à ces gens qui font les efclaues auprès de nous, pour deuenir vn jour nos tyrans: Toutes ces larmes, tous ces

G

soûpirs, tous ces hommages, tous ces respects sont des em-
busches qu'on tend à nostre cœur, & qui souuent l'engagent à
commettre des lâchetez. Pour moy quand je regarde certains
exemples, & les bassesses épouuantables ou cette passion rauale
les personnes sur qui elle étend sa puissance: Ie sens tout mon
cœur qui s'émeut: & je ne puis souffrir qu'vne ame qui fait
profession d'vn peu de fierté, ne trouue pas vne honte horrible
à de telles foiblesses.

CINTHIE.

Eh! Madame, il est de certaines foiblesses qui ne sont point
honteuses, & qu'il est beau mesme d'auoir dans les plus hauts
degrez de gloire. I'espere que vous changerez vn jour de pensée, & s'il plaist au Ciel nous verrons vostre cœur auant
qu'il soit peu....

LA PRINCESSE.

Arrestez, n'acheuez pas ce souhait estrange, j'ay vne hor-
reur trop inuincible pour ces sortes d'abbaissemens, & si jamais j'estois capable d'y descendre, je serois personne sans
doute à ne me le point pardonner.

AGLANTE.

Prenez garde; Madame, l'Amour sçait se vanger des
mespris que l'on fait de luy, & peut-estre....

LA PRINCESSE.

Non, non je braue tous ses traits, & le grand pouuoir
qu'on luy donne n'est rien qu'vne chimere, qu'vne excuse des
foibles cœurs qui le font inuincible pour authoriser leur
foiblesse.

CINTHIE.

Mais enfin toute la terre reconnoist sa puissance, &
vous voyez que les Dieux mesme sont assujettis à son empire: On nous fait voir que Iupiter n'a pas aymé pour vne
fois; & que Diane mesme dont vous affectez tant l'exemple
n'a pas rougy de pousser des soûpirs d'amour.

LA PRINCESSE.

Les croyances publiques font toûjours meflées d'erreur:
Les Dieux ne font point faits comme fe les fait le vulgaire,
& c'eft leur manquer de respect que de leur attribüer les
foibleffes des hommes.

SCENE DEVXIESME.

MORON, LA PRINCESSE, AGLANTE, CINTHIE, PHILIS.

AGLANTE.

Vien, approche Moron, vien nous ayder à deffendre
l'Amour contre les fentimens de la Princeffe.

LA PRINCESSE.

Voila voftre party fortifié d'vn grand deffenfeur.

MORON.

Ma foy, Madame, je croy qu'apres mon exemple il n'y
a plus rien à dire, & qu'il ne faut plus mettre en doute le
pouuoir de l'Amour. I'ay braué fes armes affez long-temps,
& fait de mon drole comme vn autre; mais enfin ma fierté
a baiffé l'oreille, & vous auez vne traîtreffe qui m'a rendu
plus doux qu'vn Agneau: Apres cela on ne doit plus faire
aucun fcrupule d'aymer, & puifque j'ay bien paffé par là, il
peut bien y en paffer d'autres.

CINTHIE.

Quoy? Moron fe mefle d'aymer?

MORON.

Fort bien.

CINTHIE.

Et de vouloir eftre aymé?

MORON.

*Et pourquoy non? Eſt-ce qu'on n'eſt pas aſſez bien fait
pour cela? Ie penſe que ce viſage eſt aſſez paſſable, & que
pour le bel air, dieu mercy, nous ne le cedons à perſonne.*

CINTHIE. ·

Sans doute on auroit tort......

SCENE TROISIESME.

LYCAS, LA PRINCESSE, AGLANTE, CINTHIE, PHILIS, MORON.

LYCAS.

MAdame, le Prince voſtre Pere vient vous trouuer icy,
& conduit auec luy les Princes de Pyle, & d'Ithaque,
& celuy de Meſſene.

LA PRINCESSE.

*O Ciel! que pretent-il faire en me les amenant? Auroit-il
reſolu ma perte, & voudroit-il bien me forcer au choix de
quelqu'vn d'eux?*

SCENE QVATRIESME.

LE PRINCE, EVRIALE, ARISTOMENE, THEOCLE, LA PRINCESSE, AGLANTE, CINTHIE, PHILIS, MORON.

LA PRINCESSE.

SEigneur, je vous demande la licence de preuenir par deux
paroles la declaration des penſées que vous pouuez auoir.
Il y a deux veritez, Seigneur, auſſi conſtantes l'vne que l'autre, & dont je puis vous aſſeurer également: L'vne que vous
auez vn abſolu pouuoir ſur moy, & que vous ne ſçauriez
m'ordonner rien ou je ne reſponde auſſi-toſt par vne obeïſſance

aueugle. L'autre que je regarde l'Hymenée ainfi que le trefpas,
& qu'il m'eft impoßible de forcer cette auerfion naturelle: Me
donner vn Mary, & me donner la mort c'eft vne mefme cho-
fe; mais voftre volonté va la premiere, & mon obeißance
m'eft bien plus chere que ma vie: Apres cela parleZ, Seigneur,
prononceZ librement ce que vous vouleZ.

LE PRINCE.

Ma Fille, tu as tort de prendre de telles allarmes, & je me
plains de toy, qui peux mettre dans ta penfée que je fois aßeZ mau-
uais Pere pour vouloir faire violence à tes fentimens, & me
feruir tiranniquement de la puißance que le Ciel me donne fur
toy. Ie fouhaite à la verité que ton cœur puiße aymer quelqu'vn:
Tous mes vœux feroient fatisfaits fi cela pouuoit arriuer, &
je n'ay propofé les Feftes & les Jeux que je fais celebrer icy,
qu'afin d'y pouuoir attirer tout ce que la Grece a d'illuftre; &
que parmy cette noble jeuneße, tu puiße enfin rencontrer où ar-
refter tes yeux & determiner tes penfées. Ie ne demande, ay-je,
au Ciel autre bonheur que celuy de te voir vn efpoux: J'ay pour
obtenir cette grace fait encor ce matin vn facrifice à Venus;
& fi je fçais bien expliquer le langage des Dieux, elle m'a
promis vn miracle: mais quoy qu'il en foit je veux en vfer
auec toy en Pere, qui cherit fa Fille: Si tu trouue où attacher
tes vœux, ton choix fera le mien, & je ne confidereray ny in-
terefts d'eftat, ny auantages d'alliance. Si ton cœur demeure
infenfible, je n'entreprendray point de le forcer: Mais au moins
fois complaifante aux ciuilitez, qu'on te rend, & ne m'oblige
point à faire les excufes de ta froideur: Traite ces Princes auec
l'eftime que tu leur dois, reçois auec reconnoißance les tefmoignages
de leur zele, & viens voir cette Courfe où leur adreße va paroiftre.

THEOCLE.

Tout le monde va faire des efforts pour remporter le prix de
cette Courfe; mais à vous dire vray j'ay peu d'ardeur pour la
victoire, puifque ce n'eft pas voftre cœur qu'on y doit difputer.

ARISTOMENE.

Pour moy, Madame, vous eftes le feul prix que je me
propofe par tout: C'eft vous que je croy difputer dans ces combats

d'adreſſe, & je n'aſpire maintenant à remporter l'honneur de
cette Courſe, que pour obtenir vn degré de gloire qui m'approche
de voſtre cœur.

EVRIALE.

Pour moy, Madame, je n'y vais point du tout auec cette pen-
ſée: Comme j'ay fait toute ma vie profeßion de ne rien aymer,
tous les ſoins que je prens ne vont point ou tendent les autres: Ie
Ils la quittent. n'ay aucune pretention ſur voſtre cœur, & le ſeul honneur de
la Courſe eſt tout l'auantage où j'aſpire.

LA PRINCESSE.

D'où ſort cette fierté ou l'on ne s'attendoit point? Princeſſes,
que dites-vous de ce jeune Prince? auez-vous remarqué de quel
ton il l'a pris?

AGLANTE.

Il eſt vray que cela eſt vn peu fier.

MORON.

Ah! qu'elle braue botte il vient là de luy porter!

LA PRINCESSE.

Ne trouuez-vous pas qu'il y auroit plaiſir d'abaiſſer ſon orgueil,
& de ſoûmettre vn peu ce cœur qui tranche tant du braue?

CINTHIE.

Comme vous eſtes accouſtumée à ne jamais receuoir que des
hommages & des adorations de tout le monde, vn compliment
pareil au ſien doit vous ſurprendre à la verité.

LA PRINCESSE.

Ie vous auouë que cela m'a donné de l'émotion, & que je
ſouhaiterois fort de trouuer les moyens de chaſtier cette hauteur.
Ie n'auois pas beaucoup d'enuie de me trouuer à cette Courſe;
mais j'y veux aller expres, & employer toute choſe pour luy
donner de l'amour.

CINTHIE.

Prenez garde, Madame, l'entrepriſe eſt perilleuſe, & lors
qu'on veut donner de l'amour, on court riſque d'en receuoir.

LA PRINCESSE.

Ah! n'aprehendez rien, je vous prie, allons je vous reſpons
de moy.

Fin du deuxieſme Acte.

TROISIESME INTERMEDE.
SCENE PREMIERE.
MORON, PHILIS.

MORON.

Philis demeure icy?

PHILIS.

Non laisse-moy suiure les autres.

MORON.

*Ah! cruelle, si c'estoit Tircis qui t'en priast, tu demeu-
rerois bien viste.*

PHILIS.

*Cela se pourroit faire, & je demeure d'accord que je trouue
bien mieux mon conte auec l'vn qu'auec l'autre; car il me di-
uertit auec sa voix, & toy tu m'estourdis de ton cacquet.
Lors que tu chanteras aussi bien que luy, je te promets de
t'écouter.*

MORON.

Eh! demeure vn peu?

PHILIS.

Je ne sçaurois.

MORON.

De grace?

PHILIS.

Point te dis-je.

MORON.

Ie ne te laisseray point aller.

PHILIS.

Ah! que de façons.

MORON.

Ie ne te demande qu'vn moment à estre auec toy?

PHILIS.

Et bien! ouy, j'y demeureray, pourueu que tu me promette vne chose?

MORON.

Et qu'elle?

PHILIS.

De ne me point parler du tout.

MORON.

Eh ! Philis?

PHILIS.

A moins que de cela je ne demeureray point auec toy.

MORON.

Veux-tu me.....

PHILIS.

Laisse-moy aller ?

MORON.

Et bien, ouy, demeure, je ne diray mot.

PHILIS.

Prens-y bien garde au moins; car à la moindre parole je prends la fuitte.

MORON.

Il fait vne Scene de gestes.

Soit. Ah! Philis... Eh... Elle s'enfuit, & je ne sçaurois l'atrapper. Voyla ce que c'est, si je sçauois chanter j'en ferois bien mieux mes affaires. La plus part des Femmes aujourd'huy se laissent prendre par les oreilles: Elles sont cause que tout le monde se mesle de Musique, & l'on ne reüssit auprès d'elles, que par les petites chansons, & les petits vers qu'on leur fait entendre. Il faut que j'aprenne à chanter pour faire comme les autres. Bon voicy justement mon homme.

SCENE

SCENE DEVXIESME.

SATYRE, MORON.

SATYRE.

LA la la.

MORON.

Ah! Satyre mon amy, tu fçais bien ce que tu m'as promis il y a long-temps, aprens moy à chanter, je te prie?

SATYRE.

Je le veux ; mais auparauant efcoute vne chanfon que je viens de faire.

MORON.

Il eft fi accouftumé à chanter qu'il ne fçauroit parler d'autre façon. Allons chante, j'efcoute.

SATYRE.

Je portois....

MORON.

Vne chanfon, dis-tu?

SATYRE.

Je port....

MORON.

Une chanfon à chanter?

SATYRE.

Je port.....

MORON.

Chanfon amoureufe, pefte.

SATYRE.

IE *portois dans vne cage*
Deux moyneaux que j'auois pris ;

H

Lors que la jeune Cloris
Fit dans vn sombre boccage
Briller, à mes yeux surpris,
Les fleurs de son beau visage:
Helas! dis-je aux moyneaux, en receuant les coups,
De ses yeux si sçauans à faire des conquestes,
Consolez-vous, pauures petites bestes,
Celuy qui vous a pris est bien plus pris que vous.

Moron ne fut pas satisfait de cette Chanson, quoy qu'il la trouuast jolie, il en demanda vne plus passionnée, & priant le Satyre de luy dire celle qu'il luy auoit ouy chanter quelques jours auparauant, il continua ainsi.

Dans vos chants si doux,
　Chantez à ma belle,
Oyseaux, chantez tous
Ma peine mortelle:
Mais si la cruelle
Se met en courroux
Au recit fidelle
Des maux que je sens pour elle;
Oyseaux, taisez-vous.
Oyseaux, taisez-vous.

Cette seconde Chanson ayant touché Moron fort sensiblement, il pria le Satyre de luy apprendre à chanter; & luy dit

Ah qu'elle est belle! apprens la moy?

SATYRE.

La, la, la, la.

MORON.

La, la, la, la.

SATYRE.

Fa, Fa, Fa, Fa.

MORON.

Fa, toy-mesme.

Le Satyre s'en mit en colere; & peu à peu se mettant en posture d'en venir à des coups de poing, les Violons reprirent vn Air sur lequel ils danserent vne plaisante entrée.

ACTE TROISIESME.

ARGVMENT.

LA Princesse d'Elide estoit cependant dans d'estranges
inquietudes : le Prince d'Ithaque auoit gagné le prix des
Courses, elle auoit dans la suite de ce diuertissement fait des
merueilles à chanter & à la danse, sans qu'il paruft que les
dons de la nature & de l'art eussent esté quasi remarquez
par le Prince d'Ithaque ; elle en fit de grandes plaintes à la
Princesse sa parente, elle en parla à Moron, qui fit passer cét
insensible pour vn brutal : Et enfin le voyant arriuer luy-
mesme, elle ne pût s'empescher de luy en toucher fort se-
rieusement quelque chose : Il luy respondit ingenuument qu'il
n'aymoit rien, & qu'hors l'amour de sa liberté, & les plaisirs qu'elle trouuoit si agreables de la solitude & de la Chasse
rien ne le touchoit.

SCENE PREMIERE.

LA PRINCESSE, AGLANTE, CINTHIE.
PHILIS.
CINTHIE.

*IL est vray, Madame, que ce jeune Prince a fait voir vne
adresse non commune, & que l'air dont il a paru à esté quelque chose de surprenant. Il sort vainqueur de cette course ;
mais je doute fort qu'il en sorte auec le mesme cœur qu'il y a
porté. Car enfin, vous luy auez tiré des traits dont il est di-
ficille de se deffendre, & sans parler de tout le reste, la grace
de vostre danse, & la douceur de vostre voix ont eu des charmes aujourd'huy à toucher les plus insensibles.*

LA PRINCESSE.

*Le voicy qui s'entretient auec Moron, nous sçaurons vn peu
dequoy il luy parle : Ne rompons point encore leur entretien,
& prenons cette route pour reuenir à leur rencontre.*

SCENE DEVXIESME.

EVRIALE, MORON, ARBATE.

EVRIALE.

AH! Moron, je te l'auoüe, j'ay esté enchanté, & jamais tant de charmes n'ont frappé tout ensemble mes yeux & mes oreilles. Elle est adorable en tout temps, il est vray: mais ce moment l'a emporté sur tous les autres, & des graces nouuelles ont redoublé l'éclat de ses beautez. Iamais son visage ne s'est paré de plus viues couleurs, ny ses yeux ne se se sont armez de traits plus vifs & plus perçans. La douceur de sa voix à voulu se faire paroistre dans vn air tout charmant qu'elle a daigné chanter, & les sons merueilleux qu'elle formoit passoient jusqu'au fond de mon ame, & tenoient tous mes sens dans vn rauissement à ne pouuoir en reuenir. Elle a fait éclater en suite vne disposition toute diuine, & ses piez amoureux sur l'émail d'vn tendre gazon traçoient d'aymables caracteres qui m'enleuoient hors de moy-mesme, & m'attachoient par des nœuds inuainsibles aux doux & justes mouuemens dont tout son corps suiuoit les mouuemens de l'harmonie. Enfin jamais ame n'a eu de plus puissantes émotions que la mienne, & j'ay pensé plus de vingt fois oublier ma resolution pour me jetter à ses pieds, & luy faire vn aueu sincere de l'ardeur que je sens pour elle.

MORON.

Donnez-vous en bien de garde, Seigneur, si vous m'en voulez croire. Vous auez trouué la meilleure inuention du monde, & je me trompe fort si elle ne vous reüßit. Les femmes sont des animaux d'vn naturel bizarre, nous les gastons par nos douceurs, & je croy tout de bon que nous les verrions nous courir, sans tous ces respects, & ces soûmißions où les hommes les acoquinent.

ARBATE.

Seigneur voicy la Princesse qui s'est un peu eloignée de sa suite.

MORON.

Demeurez ferme, au moins, dans le chemin que vous auez pris. Ie m'en vais voir ce qu'elle me dira : cependant promenez-vous icy dans ces petites routes sans faire aucun semblant d'auoir enuie de la joindre, & si vous l'abordez, demeurez auec elle le moins qu'il vous sera possible.

SCENE TROISIESME.

LA PRINCESSE, MORON.

LA PRINCESSE.

TV as donc familiarité, *Moron*, auec le *Prince* d'Ithaque ?

MORON.

Ah ! Madame il y a long-temps que nous nous connoissons.

LA PRINCESSE.

D'où vient qu'il n'est pas venu jusqu'icy, & qu'il a pris cette autre route quand il m'a veuë ?

MORON.

C'est vn homme bizare qui ne se plaist qu'à entretenir ses pensées.

LA PRINCESSE.

Estois-tu tantost au compliment qu'il m'a fait ?

MORON.

Ouy, Madame, j'y estois, & je l'ay trouué vn peu impertinent, n'en deplaise à sa Principauté.

LA PRINCESSE.

Pour moy je le confesse, Moron, cette fuite ma choquée, & j'ay toutes les enuies du monde de l'engager pour rabattre vn peu son orgueil.

MORON.

Ma foy, Madame, vous ne feriez pas mal, il le meriteroit bien : mais à vous dire vray, je doute fort que vous y puissiez reüssir.

LA PRINCESSE.

Comment !

MORON.

Comment ! c'est le plus orgueilleux petit vilain que vous ayez jamais veu. Il luy semble qu'il n'y a personne au monde qui le merite, & que la terre n'est pas digne de le porter.

LA PRINCESSE.

Mais encore, ne t'a-t'il point parlé de moy.

MORON.

Luy ? non,

LA PRINCESSE.

Il ne t'a rien dit de ma voix, & de ma danse ?

MORON.

Pas le moindre mot.

LA PRINCESSE.

Certes ce mespris est choquant, & je ne puis souffrir cette hauteur estrange de ne rien estimer.

MORON,

Il n'estime, & n'ayme que luy.

LA PRINCESSE.

Il n'y a rien que je ne fasse, pour le soûmettre comme il faut.

MORON,

Nous n'auons point de marbre dans nos montagnes qui soit plus dur, & plus insensible que luy.

LA PRINCESSE.

Le voila.

MORON.

Voyez-vous comme il passe, sans prendre garde à vous ?

LA PRINCESSE.

De grace, Moron, va le faire auiser que je suis icy, & l'oblige à me venir aborder.

SCENE QVATRIESME.

LA PRINCESSE, EVRIALE, MORON, ARBATE.

MORON.

SEigneur, je vous donne auis que tout va bien ? la Princesse souhaite qne vous l'abordiez : mais songez bien à continuer vostre roole , & de peur de l'oublier ne soyez pas long-temps auec elle.

LA PRINCESSE.

Vous estes bien solitaire, Seigneur, & c'est vne humeur bien extraordinaire que la vostre, de renoncer ainsi à nostre sexe, & de fuyr à vostre age, cette galanterie, dont se piquent tous vos pareils.

EVRIALE.

Cette humeur, Madame, n'est pas si extraordinaire qu'on n'en trouuast des exemples sans aller loin d'icy, & vous ne sçauriez condamner la resolution que j'ay prise de n'aymer jamais rien, sans condamner aussi vos sentimens.

LA PRINCESSE.

Il y a grande difference, & ce qui sied bien à vn sexe, ne sied pas bien à l'autre. Il est beau qu'vne femme soit insensible, & conserue son cœur exempt des flames de l'amour ; mais ce qui est vertu en elle, deuient vn crime dans vn homme. Et comme la beauté est le partage de nostre sexe, vous ne sçauriez ne nous point aymer, sans nous derober les hommages qui nous sont deus, & commettre vne offence dont nous deuons toutes nous ressentir.

EVRIALE.

Ie ne voy pas, Madame, que celles qui ne veulent point aymer, doiuent prendre aucun interest à ces sortes d'offences.

LA PRINCESSE.

Ce n'est pas vne raison, Seigneur, & sans vouloir aymer, on est toûjours bien-ayse d'estre aymée.

EVRIALE.

*Pour moy je ne suis pas de mesme, & dans le dessein où
je suis, de ne rien aymer, je serois fasché d'estre aymé.*

LA PRINCESSE.

Et la raison?

EVRIALE.

*C'est qu'on a obligation à ceux qui nous ayment, & que je
serois fasché d'estre ingrat.*

LA PRINCESSE.

*Si bien donc, que pour fuyr l'ingratitude, vous aymeriez qui
vous aymeroit?*

EVRIALE.

*Moy? Madame, point du tout. Ie dis bien que je serois
faché d'estre ingrat : mais je me resoudrois pluftoft de l'eftre,
que d'aymer.*

LA PRINCESSE.

Telle personne vous aymeroit, peut-eftre que voftre cœur....

EVRIALE.

*Non? Madame, rien n'eft capable de toucher mon cœur,
ma liberté eft la feule maiftreffe à qui je confacre mes vœux,
& quand le Ciel employeroit fes foins à compofer vne beauté
parfaite, quand il affembleroit en elle tous les dons les plus merueilleux, & du corps & de l'ame. Enfin quand il expoferoit à
mes yeux vn miracle d'esprit, d'adreffe, & de beauté, & que
cette perfonne m'aymeroit auec toutes les tendreffes imaginables,
je vous l'auouë franchement, je ne l'aymerois pas.*

LA PRINCESSE.

A-t'on jamais rien veu de tel!

MORON.

*Pefte foit du petit brutal, j'aurois enuie de luy bailler un coup
de poing.*

L A

LA PRINCESSE parlant en foy.

*Cet orgueil me confond, & j'ay vn tel d'espit, que je ne me
sens pas.*

MORON parlant au Prince.

Bon courage, Seigneur, voilà qui va le mieux du monde.

EVRIALE.

*Ah! Moron, je n'en puis plus, & je me suis fait des efforts
estranges.*

LA PRINCESSE.

*C'est auoir vne insensibilité bien grande, que de parler comme
vous faites.*

EVRIALE.

*Le Ciel ne m'a pas fait d'vne autre humeur : mais, Ma-
dame, j'interomps vostre promenade, & mon respect doit m'ad-
uertir que vous aymez la solitude.*

SCENE CINQVIESME.

LA PRINCESSE, MORON, PHILIS, TIRCIS.

MORON.

IL ne vous en doit rien, Madame, en dureté de cœur.

LA PRINCESSE.

*Ie donnerois volontiers tout ce que j'ay au monde, pour auoir
l'auantage d'en triompher.*

MORON.

Ie le croy?

LA PRINCESSE.

Ne pourrois-tu, Moron, me seruir dans vn tel dessein?

MORON.

Vous sçauez bien, Madame, que je suis tout à vostre seruice.

LA PRINCESSE.

Parle luy de moy dans tes entretiens, vante luy adroitement ma personne, & les auantages de ma naissance, & tache débranler ses sentimens, par la douceur de quelque espoir. Ie te permets de dire tout ce que tu voudras, pour tacher à me l'engager.

MORON.

Laissez-moy faire.

LA PRINCESSE.

C'est vne chose qui me tient au cœur, je souhaite ardammēt qu'il m'ayme.

MORON.

Il est bien fait ? oüy, ce petit pendart là : Il a bon air, bonne phisionomie, & je croy qu'il seroit assez le fait d'vne jeune Princesse.

LA PRINCESSE.

Enfin tu peux tout esperer de moy, si tu trouues moyen d'enflammer pour moy son cœur.

MORON,

Il n'y a rien qui ne se puisse faire ; mais, Madame s'il venoit à vous aymer, que feriez-vous, s'il vous plaist ?

LA PRINCESSE.

Ah ! ce seroit lors que je prendrois plaisir à triompher pleinement de sa vanité, à punir son mépris par mes froideurs, & exercer sur luy toutes les cruautez que je pourrois imaginer.

MORON,

Il ne se rendra jamais.

LA PRINCESSE.

Ah ! Moron, il faut faire en sorte qu'il se rende.

MORON.

Non ? il n'en fera rien, je le connois, ma peine sera inutile.

LA PRINCESSE.

Si faut-il pourtant tenter toute chose, & esprouuer si son ame est entierement insensible. Allons je veux luy parler, & suiure vne pensee qui vient de me venir.

Fin du troisiesme Acte.

QVATRIESME INTERMEDE.
SCENE PREMIERE.
PHILIS, TIRCIS.
PHILIS.

Vien, Tircis, laissons les aller, & me dis vn peu ton mar-
tyre de la façon que tu sçais faire? Il y a long-temps que
tes yeux me parlent; mais je suis plus ayse d'ouyr ta voix.

TIRCIS en chantant.

TV m'escoutes, helas! dans ma triste langueur;
Mais je n'en suis pas mieux, ô! beauté sans pareille!
Et je touche ton oreille
Sans que je touche ton cœur.

PHILIS.

Va, va, c'est de-ja quelque chose que de toucher l'oreille, &
le temps amene tout. Chante moy cependant quelque plainte nou-
uelle que tu ayes composée pour moy.

SCENE DEVXIESME.
MORON, PHILIS, TIRCIS.
MORON.

AH! ah! je vous y prens, cruelle; vous vous écartez des
autres pour ouyr mon riual?

PHILIS.

Oüy, je m'écarte pour cela; je te le dis encore. Je me plais
auec luy, & l'on écoute volontiers les amans lors qu'ils se
plaignent aussi agreablement qu'il fait. Que ne chante-tu comme
luy? je prendrois plaisir à l'écouter.

MORON.

Si je ne sçay chanter, je sçay faire autre chose, &
quand....

PHILIS.

Tais-toy? je veux l'entendre. Dis, Tircis, ce que tu voudras.

MORON.

Ah! cruelle....

PHILIS.

Silence, dis-je, ou je me mettray en colere.

TIRCIS.

Arbres espais, & vous prez esmaillez,
La beauté dont l'Hyuer vous auoit despouillez
Par le Printemps vous est renduë:
Vous reprenez tous vos appas;
Mais mon ame ne reprend pas
La joye, helas! que j'ay perduë.

MORON.

Morbleu que n'ay-je de la voix? ah! nature marastre! pourquoy ne m'as-tu pas donné dequoy chanter comme à vn autre?

PHILIS.

En verité, Tircis, il ne se peut rien de plus agreable, & tu l'emportes sur tous les Riuaux que tu as.

MORON.

Mais pourquoy est-ce que je ne puis pas chanter? N'ay-je pas vn estomach, vn gosier, & vne langue comme vn autre? Oüy, oüy, allons, je veux chanter aussi, & te montrer que l'Amour fait faire toutes choses. Voicy vne chanson que j'ay faite pour toy.

PHILIS.

Oüy, dis? je veux bien t'écouter pour la rareté du fait.

MORON.

Courage, Moron? il ny a qu'à auoir de la hardiesse.

Moron chante.

TON extréme rigueur
S'acharne sur mon cœur,
Ah! Philis je trespasse!
Daignes me secourir?
En seras-tu plus grasse
De m'auoir fait mourir?

Viuat, Moron.

PHILIS.

Voila qui est le mieux du monde: mais, Moron, je souhaiterois bien d'auoir la gloire, que quelque Amant fut mort pour
moy; c'est vn auantage dont je n'ay point encor joüy, & je
trouue que j'aymerois de tout mon cœur vne personne qui m'aymeroit assez pour se donner la mort.

MORON.

Tu aymerois vne personne qui se tuëroit pour toy?

PHILIS.

Oüy.

MORON.

Il ne faut que cela pour te plaire?

PHILIS.

Non.

MORON.

Voilà qui est fait, je te veux montrer que je me sçay tuër
quand je veux.

TIRCIS chante.

Ah! quelle douceur extréme,
De mourir pour ce qu'on ayme.　　　　bis

MORON.

C'est vn plaisir que vous aurez quand vous voudrez.

TIRCIS *chante.*

Courage Moron? meurs promptement
En genereux Amant.

MORON.

Ie vous prie de vous mesler de vos affaires, & de me laisser
tuër à ma fantaisie. Allons je vais faire honte à tous les Amans,
Tien? je ne suis pas homme a faire tant de façons, voy ce poignard,
prens bien garde comme je vais me percer le cœur? Ie suis vostre
Se riant de
Tircis. *seruiteur, quelque niais.*

PHILIS.

Allons, Tircis, viens t'en me redire à l'echo, ce que tu m'a
chanté.

ACTE QVATRIESME.

ARGVMENT.

LA Princeffe efperant par vne feinte pouuoir defcouurir les fentimens du Prince d'Ithaque, elle luy fit confidence qu'elle aymoit le Prince de Meffene: Au lieu d'en paroiftre affligé il luy rendit la pareille, & luy fit connoiftre que la Princeffe fa parente luy auoit donné dans la veuë, & qu'il la demanderoit en Mariage au Roy fon Pere: A cette atteinte impreueuë cette Princeffe perdit toute fa conftance; & quoy qu'elle effayaft à fe contraindre deuant luy, auffi-toft qu'il fut forty, elle demanda auec tant d'empreffement à fa Coufine de ne receuoir point les feruices de ce Prince, & de ne l'efpoufer jamais, qu'elle ne pût le luy refufer: Elle s'en plaignit mefme à Moron, qui luy ayant dit affez franchement qu'elle l'aymoit donc, en fut chaffé de fa prefence.

SCENE PREMIERE.

EVRIALE, LA PRINCESSE, MORON.

LA PRINCESSE

PRince, comme jufques icy nous auons fait paroiftre vne conformité de fentimens, & que le Ciel a femblé mettre en nous mefmes attachemens pour noftre liberté, & mefme auerfion pour l'Amour; je fuis bien ayfe de vous oüurir mon cœur, & de vous faire confidence d'vn changement dont vous ferez furpris. J'ay toûjours regardé l'Hymen comme vne chofe affreufe, & j'auois fait ferment d'abandonner plutoft la vie, que de me refoudre jamais à perdre cette liberté pour qui j'auois des tendreffes fi grandes: mais, enfin, vn moment a diffipé toutes ces refolutions, le merite d'vn Prince ma frapé aujourd'huy les yeux, & mon ame tout d'vn coup (comme par vn miracle) eft deuenuë fenfible aux traits de cette paffion que j'auois

toûjours mesprisée. I'ay trouué d'abord des raisons pour authoriser ce changement, & je puis l'apuyer de la volonté de respondre aux ardantes sollicitations d'vn Pere, & aux vœux de tout
vn Estat ; mais, à vous dire vray, je suis en peine du juge-
ment que vous ferez de moy, & je voudrois sçauoir si vous
condamnerez, ou non le dessein que j'ay de me donner vn Espoux.

EVRIALE.

Vous pourriez faire vn tel choix, Madame, que je l'approu-
uerois sans doute.

LA PRINCESSE.

Qui croyez-vous, à vostre auis, que je veüille choisir ?

EVRIALE.

Si j'estois dans vostre cœur je pourrois vous le dire : mais
comme je n'y suis pas, je n'ay garde de vous respondre.

LA PRINCESSE.

Deuinez pour voir, & nommez quelqu'vn ?

EVRIALE.

I'aurois trop peur de me tromper.

LA PRINCESSE.

Mais, encore, pour qui souhaiteriez-vous que je me declarasse ?

EVRIALE.

Ie sçay bien à vous dire vray, pour qui je le souhaiterois :
mais auant que de m'expliquer, je dois sçauoir vostre pensée.

LA PRINCESSE.

Et bien Prince, je veux bien vous la descouurir : je suis
seure que vous allez aprouuer mon choix, & pour ne vous point
tenir en suspent dauantage, le Prince de Messene est celuy de qui
le merite s'est attiré mes vœux.

EVRIALE.

O Ciel !

LA PRINCESSE.

Mon inuention à reüssi, Moron, le voila qui se trouble.

MORON.

MORON. parlant

à la Princesse.   au Prince.   à la Princesse.   au Prince

Bon , Madame. Courage , Seigneur. Il en tient. Ne vous defaites pas.

LA PRINCESSE.

Ne trouuez-vous pas que j'ay raison , & que ce Prince à tout le merite qu'on peut auoir ?

MORON au Prince.

Remettez-vous , & songez à respondre.

LA PRINCESSE.

D'où vient, Prince, que vous ne dites mot, & semblez interdit ?

EVRIALE.

Ie le suis à la verité , & j'admire, Madame, comme le Ciel a pû former deux ames aussi semblables en tout que les nostres: deux ames en qui l'on ait veu' vne plus grande conformité de sentimens , qui ayent fait éclater dans le mesme temps vne re-solution à brauer les traits de l'Amour , & qui dans le mesme moment ayent fait paroistre vne égale facilité à perdre le nom d'insensibles: Car enfin, Madame , puis que vostre exemple m'authorise, je ne feindray point de vous dire , que l'Amour aujourd'huy s'est rendu maistre de mon cœur , & qu'vne des Princesses , vos Cousines , l'aymable & belle Aglante, a ren-uersé d'vn coup d'œil tous les projets de ma fierté. Ie suis rauy, Madame, que par cette égalité de défaite, nous n'ayons rien a nous reprocher l'vn & l'autre ; & je ne doute point , que comme je vous loüe infiniement de vostre choix, vous n'aprouuiez aussi le mien. Il faut que ce miracle éclate aux yeux de tout le monde , & nous ne deuons point differer à nous rendre tous deux contens. Pour moy, Madame, je vous sollicite de vos suffrages ; pour obtenir celle que je souhaite, & vous trouuerez bon que j'aille de ce pas en faire la demande au Prince vostre Pere.

MORON.

Ah digne ! ah braue cœur !

CACACA

SCENE DEVXIESME.

LA PRINCESSE, MORON.

LA PRINCESSE.

AH ! Moron, je n'en puis plus, & ce coup que je n'atendois pas, triomphe absolument de toute ma fermeté.

MORON.

Il est vray que le coup est surprenant, & j'auois creu d'abord, que vostre stratageme auoit fait son effet.

LA PRINCESSE.

Ah ! ce m'est un despit à me desesperer, qu'une autre ait l'auantage de soûmettre ce cœur que je voulois soûmettre.

SCENE TROISIESME.

LA PRINCESSE, AGLANTE, MORON.

LA PRINCESSE.

PRincesse, j'ay à vous prier d'une chose qu'il faut absolument que vous m'accordiez : Le Prince d'Ithaque vous ayme, & veut vous demander au Prince mon Pere.

AGLANTE.

Le Prince d'Ithaque, Madame !

LA PRINCESSE.

Oüy, il vient de m'en asseurer luy-mesme, & m'a demandé mon suffrage pour vous obtenir, mais je vous conjure de rejetter cette proposition, & de ne point prester l'oreille à tout ce qu'il pourra vous dire.

AGLANTE.

Mais, Madame, s'il estoit vray que ce Prince m'aymast effectiuement, pourquoy n'ayant aucun dessein de vous engager, ne voudriez-vous pas souffrir....

LA PRINCESSE.

*Non, Aglante, je vous le demande, faites-moy ce plaisir,
je vous prie, & trouuez bon que n'ayant pû auoir l'auantage
de le soûmettre, je luy dérobe la joye de vous obtenir.*

AGLANTE.

*Madame, il faut vous obeïr; mais je croirois que la con-
queste d'vn tel cœur ne seroit pas vne victoire à dédaigner.*

LA PRINCESSE.

Non, non, il n'aura pas la joye de me brauer entierement.

SCENE QVATRIESME.

ARISTOMENE, MORON, LA PRINCESSE.
AGLANTE.

ARISTOMENE.

*MAdame, je viens à vos pieds rendre grace à l'Amour,
de mes heureux destins, & vous tesmoigner auec mes
transports, le ressentiment où je suis, des bontez surprenantes
dont vous daignez fauoriser le plus soûmis de vos captifs.*

LA PRINCESSE.

Comment ?

ARISTOMENE.

*Le Prince d'Ithaque, Madame, vient de m'asseurer tout à
l'heure, que vostre cœur auoit eu la bonté de s'expliquer en ma
faueur, sur ce celebre choix qu'attend toute la Grece.*

LA PRINCESSE.

Il vous a dit qu'il tenoit cela de ma bouche ?

ARISTOMENE.

Oüy, Madame.

LA PRINCESSE.

C'est vn étourdy, & vous estes vn peu trop credule, Prince, d'ajoufter foy fi promptement à ce qu'il vous a dit ; vne pareille nouuelle meriteroit bien, ce me femble, qu'on n'en doutaft vn peu de temps, & c'eft tout ce que vous pourriez faire de la croire, fi je vous l'auois dite moy-mefme.

ARISTOMENE

Madame, fi j'ay efté trop prompt à me perfuàder....

LA PRINCESSE.

De grace, Prince, brifons là ce difcours, & fi vous voulez m'obliger, fouffrez que je puiffe joüyr de deux momens de folitude.

SCENE CINQVIESME.

LA PRINCESSE, AGLANTE, MORON.

LA PRINCESSE.

AH ! qu'en cette auanture, le Ciel me traite auec vne rigueur eftrange ! au moins, Princeffe, fouuenez-vous de la priere que je vous ay faite?

AGLANTE.

Je vous l'ay dit des-ja, Madame, il faut vous obeïr.

MORON.

Mais, Madame, s'il vous aymoit vous n'en voudriez point, & cependant vous ne voulez pas qu'il foit à vn autre: C'eft faire juftemeut comme le chien du Jardinier.

LA PRINCESSE.

Non, je ne puis fouffrir qu'il foit heureux auec vne autre, & fi la chofe eftoit, je croy que j'en mourrois de deplaifir.

MORON.

Ma foy, Madame, auoüons la dette, vous voudriez qu'il fût à vous, & dans toutes vos actions, il eft ayfé de voir que vous aymez vn peu ce jeune Prince.

LA PRINCESSE.

Moy, je l'ayme? O Ciel! je l'ayme? auez-vous l'infolence de prononcer ces paroles, fortez de ma veüe impudent, & ne vous prefentez jamais deuant moy.

MORON.

Madame....

LA PRINCESSE.

Retirez-vous d'icy, vous dis-je, ou je vous en feray retirer d'vne autre maniere.

MORON.

Ma foy son cœur en a sa prouision, &....

Il rencontre vn regard de la Princesse, qui l'oblige à se retirer.

SCENE SIXIESME.

LA PRINCESE.

DE quelle émotion inconnuë sens-je mon cœur atteint ! & qu'elle inquietude secrette est venu troubler tout d'vn coup la tranquillité de mon ame ? Ne seroit-ce point aussi, ce qu'on vient de me dire, & sans en rien sçauoir, n'aymerois-je point ce jeune Prince ? Ah ! si cela estoit je serois personne à me desesperer : mais il est impossible que cela soit, & je voy bien que je ne puis pas l'aymer. Quoy ? je serois capable de cette lascheté. J'ay veu toute la Terre à mes pieds, auec la plus grande insensibilité du monde. Les respects, les hommages & les soûmissions n'ont jamais pû toucher mon ame, & la fierté & le dédain en auroient triomphé. J'ay mesprisé tous ceux qui m'ont aymée, & j'aymerois le seul qui me mesprise ? Non, non, je sçay bien que je ne l'ayme pas. Il n'y a pas de raison a cela : Mais si ce n'est pas de l'amour que ce que je sens maintenant, qu'est-ce donc que ce peut estre ? & d'où vient ce poison qui me court par toutes les veines, & ne me laisse point en repos auec moy-mesme ? Sors de mon cœur, qui que tu sois, ennemy qui te caches, attaque moy visiblement, & deuiens à mes yeux la plus affreuse beste de tous nos bois, afin que mon dart & mes fleches me puissent deffaire de toy. O vous ? admirables personnes, qui par la douceur de vos chants auez l'art d'adoucir les plus fascheuses inquietudes, approchez-vous d'icy de grace, & tachez de charmer auec vostre musique le chagrin où ie suis.

Fin du quatriesme Acte.

CINQVIESME INTERMEDE.

CLIMENE PHILIS.

CLIMENE.

CHere Philis, dis-moy, que crois-tu de l'Amour?

PHILIS.

Toy-mesme, qu'en crois-tu, ma compagne fidelle,

CLIMENE.

On m'a dit que sa flame est pire qu'vn Vautour,
Et qu'on souffre en aymant vne peine cruelle.

PHILIS.

On m'a dit qu'il n'est point de passion plus belle,
Et que ne pas aymer c'est renoncer au jour.

CLIMENE.

A qui des deux donnerons-nous victoire?

PHILIS.

Qu'en croyrons-nous, ou le mal ou le bien?

CLIMENE, ET PHILIS. ensemble.

Aymons, c'est le vray moyen
De sçauoir ce qu'on en doit croire.

PHILIS.

Cloris vante par tout l'Amour & ses ardeurs.

CLIMENE.

Amarante pour luy verse en tous lieux des larmes.

PHILIS.

Si de tant de tourmens il accable les cœurs,
D'ou vient qu'on ayme à luy rendre les armes?

CLIMENE.

Si sa flame, Philis, est si pleine de charmes,
Pourquoy nous deffend-on d'en gouster les douceurs?

PHILIS.

A qui des deux donnerons-nous victoire?

CLIMENE.

Qu'en croirons-nous, ou le mal ou le bien:

TOVTES DEVX ENSEMBLES.

Aymons, c'est le vray moyen
De sçauoir ce qu'on en doit croire.

La Princesse les interrompit en cet endroit, & leur dit, Acheuez seules si vous voulez, je ne sçaurois demeurer en repos & quelque douceur qu'ayent vos chants, ils ne font que redoubler mon inquietude.

ACTE CINQVIESME.
ARGVMENT.

IL se passoit dans le cœur du Prince de Messene des choses bien differentes; la joye que luy auoit donné le Prince d'Ithaque, en luy apprenant malicieusement qu'il estoit aymé de la Princesse, l'auoit obligé de l'aller trouuer auec vne inconsideration que rien qu'vne extréme amour ne pouuoit excuser; mais il en auoit esté receu d'vne maniere bien differente à ce qu'il esperoit. Elle luy demanda qui luy auoit appris cette nouuelle, & quand elle eut sçeu que sçauoit esté le Prince d'Ithaque, cette connoissance augmenta cruellement son mal, & luy fit dire à demy desesperée, c'est vn estourdy; & ce mot estourdit si fort le Prince de Messene, qu'il sortit tout confus sans luy pouuoir respondre. La Princesse d'vn autre costé alla trouuer le Roy son Pere, qui venoit de paroistre auec le Prince d'Ithaque, & qui luy tesmoignoit, non seulement la joye qu'il auroit euë de le voir entrer dans son alliance, mais l'opinion qu'il commençoit d'auoir que sa fille ne le haïssoit pas: Elle ne fut pas plustost aupres de luy, que se jettant à ses pieds, elle luy demanda pour la plus grande faueur qu'elle en pust jamais receuoir, que le Prince d'Ithaque n'espousast jamais la Princesse.

Ce qui luy promit solemnellement; mais il luy dit que si elle ne vouloit point qu'il fut à vne autre, il falloit qu'elle le prist pour elle : Elle luy respondit, il ne le voudroit pas; mais d'vne maniere si passionnée, qu'il estoit aisé de connoistre les sentimens de son cœur. Alors le Prince quittant toute sorte de feinte, luy confessa son amour, & le stratageme dont il s'estoit seruy pour venir au point ou il se voyoit alors par la connoissance de son humeur: La Princesse luy donnant la main, le Roy se tourna vers les deux Princes de Messene & de Pyle, & leur demanda si ses deux parentes, dont le merite n'estoit pas moindre que la qualité, ne seroient point capables de les consoler de leur disgrace; ils luy respondirent que l'honneur de son alliance faisant tous leurs souhaits, ils ne pouuoient esperer vne plus heureuse fortune. Alors la joye fut si grande dans le Palais, qu'elle se respandit par tous les enuirons.

SCENE PREMIERE.
LE PRINCE, EVRIALE, MORON, AGLANTE, CINTHIE.

MORON.

OVy, Seigneur, ce n'est point raillerie, j'en suis ce qu'on appelle disgracié. Il ma falu tirer mes chausses au plus viste, & jamais vous n'auez veu vn emportement plus brusque que le sien.

LE PRINCE.

Ah! Prince, que je deuray de graces à ce stratageme amoureux, s'il faut qu'il ait trouué le secret de toucher son cœur.

EVRIALE.

Quelque chose, Seigneur, que l'on vienne de vous en dire, je n'ose encore, pour moy, me flater de ce doux espoir: mais enfin si ce n'est pas à moy trop de temerité, que d'oser aspirer à l'honneur de vostre alliance, si ma personne, & mes Estats....

LE PRINCE.

Prince n'entrons point dans ces complimens, je trouue en vous dequoy remplir tous les souhaits d'vn pere, & si vous auez le cœur de ma fille, il ne vous manque rien.

SCENE DEVXIESME.
LA PRINCESSE, LE PRINCE, EVRIALE, AGLANTE, CINTHIE, MORON.

LA PRINCESSE.

O Ciel! que vois-je icy?

LE

LE PRINCE.

Oüy, l'honneur de voftre alliance m'eft d'vn prix tres-con-
fiderable, & je foufcris ayfement de tous mes fuffrages à la
demande que vous me faites.

LA PRINCESSE.

Seigneur, je me jette à vos pieds pour vous demander vne
grace. Vous m'auez toûjours tefmoigné vne tendreffe extréme,
& je croy vous denoir bien plus par les bontez, que vous m'a-
uez fait voir, que par le jour que vous m'auez donné : Mais
fi jamais pour moy vous auez eu de l'amitié, je vous en demande aujourd'huy la plus fenfible preuue que vous me puiffiez
accorder; c'eft de n'écouter point, Seigneur, la demande de ce
Prince, & de ne pas fouffrir que la Princeffe Aglante foit
vnie auec luy.

LE PRINCE.

Et par quelle raifon, ma Fille, voudrois-tu t'oppofer à cette
vnion?

LA PRINCESSE.

Par la raifon, que je hais ce Prince, & que je veux, fi je
puis, trauerfer fes deffeins.

LE PRINCE.

Tu le hais, ma Fille?

LA PRINCESSE.

Oüy, & de tout mon cœur, je vous l'auoüe.

LE PRINCE.

Et que ta-t'il fait?

LA PRINCESSE.

Il ma mefprifée.

LE PRINCE.

Et comment?

LA PRINCESSE.

Il ne ma pas trouuée assez bien faite pour m'addresser ses vœux,

LE PRINCE.

Et quelle offence te fait cela? Tu ne veux accepter personne?

LA PRINCESSE.

N'importe, il me deuoit aymer comme les autres, & me laisser, au moins, la gloire de le refuser : Sa declaration me fait vn affront, & ce m'est vne honte sensible, qu'à mes yeux, & au milieu de vostre Cour il a recherché vne autre que moy.

LE PRINCE.

Mais quel interest dois-tu prendre à luy?

LA PRINCESSE.

I'en prens, Seigneur, à me vanger de son mespris, & comme je sçay bien qu'il ayme Aglante auec beaucoup d'ardeur, je veux empescher, s'il vous plaist, qu'il ne soit heureux auec elle.

LE PRINCE.

Cela te tient donc bien au cœur?

LA PRINCESSE.

Oüy, Seigneur, sans doute, & s'il obtient ce qu'il demande, vous me verrez expirer à vos yeux.

LE PRINCE.

Va, va ma Fille, auoüe franchement la chose. Le merite de ce Prince t'a fait ouurir les yeux, & tu l'aymes, enfin, quoy que tu puisse dire.

LA PRINCESSE.

Moy, Seigneur?

LE PRINCE.

Oüy, tu l'aymes.

LA PRINCESSE.

Ie l'ayme, dites-vous? & vous m'imputez cette lascheté, O Ciel! quelle est mon infortune? puis-je bien sans mourir, entendre

*ces paroles, & faut-il que je ſois ſi malheureuſe qu'on me
ſoupçonne de l'aymer. Ah! ſi c'eſtoit vn autre que vous,
Seigneur, qui me tint ce diſcours, je ne ſçay pas ce que je ne
ferois point.*

LE PRINCE.

*Et bien? oüy, tu ne l'aymes pas. Tu le hais, j'y conſens, &
je veux bien pour te contenter qu'il n'eſpouſe pas la Princeſſe
Aglante.*

LA PRINCESSE.

Ah! Seigneur, vous me donnez la vie.

LE PRINCE.

*Mais afin d'empeſcher qu'il ne puiſſe eſtre jamais à Elle, il
faut que tu le prenne pour toy.*

LA PRINCESSE.

*Vous vous mocquez, Seigneur, & ce n'eſt pas ce qu'il de-
mande.*

EVRIALE.

*Pardonnez-moy, Madame, je ſuis aſſez temeraire pour
cela, & je prens à teſmoin le Prince voſtre Pere, ſi ce n'eſt
pas vous que j'ay demandée. C'eſt trop vous tenir dans l'erreur,
il faut leuer le maſque, & deußiez-vous vous en preualoir contre
moy, deſcouurir à vos yeux les veritables ſentimens de mon
cœur. Ie n'ay jamais aymé que vous, & jamais je n'aymeray
que vous. C'eſt vous, Madame, qui m'auez enleué cette qualité d'inſenſible que j'auois toûjours affectée, & tout ce que j'ay
pû vous dire, n'a eſté qu'vne feinte qu'vn mouuement ſecret
m'a inſpirée, & que je n'ay ſuiuie qu'auec toutes les violences
imaginables. Il falloit qu'elle ceſſaſt bien-toſt, ſans doute, &
je m'eſtonne ſeulement quelle ait pû durer la moitié d'vn jour;
car enfin je mourois, je bruſlois dans l'amè quand je vous dé-
guiſois mes ſentimens, & jamais cœur n'a ſouffert vne con-
trainte égale à la mienne. Que ſi cette feinte, Madame, à
quelque choſe qui vous offence je ſuis tout preſt de mourir pour
vous en vanger: Vous n'auez qu'a parler, & ma main ſur le
champ ſera gloire d'executer l'Arreſt que vous prononcerez.*

LA PRINCESSE.

Non , non , Prince , je ne vous sçay pas mauuais gré de m'auoir abusée , & tout ce que vous m'auez dit , je l'ayme bien mieux vne feinte , que non pas vne verité.

LE PRINCE.

Si bien donc , ma Fille , que tu veux bien accepter ce Prince pour Espoux ?

LA PRINCESSE.

Seigneur , je ne sçay pas encore ce que je veux : donnez-moy le temps d'y songer , je vous prie , & m'épargnez vn peu la confusion où je suis.

LE PRINCE.

Vous jugez , Prince , ce que cela veut dire , & vous vous pouuez fonder la dessus.

EVRIALE.

Ie l'attendray tant qu'il vous plaira , Madame , cet arrest de ma destinée , & s'il me condamne à la mort , je le suiuray sans murmure.

LE PRINCE.

Vien , Moron , c'est icy vn jour de paix , & je te remets en grace auec la Princesse.

MORON.

Seigneur , je seray meilleur Courtisan vne autre fois , & je me garderay bien de dire ce que je pense.

SCENE TROISIESME

ARISTOMENE, THEOCLES, LE PRINCE, LA PRINCESSE, AGLANTE, CINTHIE, MORON.

LE PRINCE.

IE crains bien, Princes, que le choix de ma Fille ne ſoit pas en voſtre faueur; mais voila deux Princeſſes qui peuuent bien vous conſoler de ce petit malheur.

ARISTOMENE.

Seigneur, nous ſçauons prendre noſtre party, & ſi ces aymables Princeſſes n'ont point trop de meſpris pour les cœurs qu'on a rebuteẑ; nous pouuons reuenir par elles, à l'honneur de voſtre alliance.

SCENE QVATRIESME.

PHILIS, ARISTOMENE, THEOCLES, LE PRINCE, LA PRINCESSE, AGLANTE, CINTHIE, MORON.

PHILIS.

SEigneur, la Deeſſe Venus vient d'annoncer par tout le changement du cœur de la Princeſſe : Tous les Paſteurs & toutes les Bergeres en teſmoignent leur joye par des dances & des chanſons, & ſi ce n'eſt point vn ſpectacle que vous mépriſiez, vous allez voir l'allegreſſe publique ſe repandre juſques icy.

Fin du cinquieſme Acte.

SIXIESME INTERMEDE.
CHOEVR DE PASTEVRS
ET DE BERGERES
QVI DANSENT.

Quatre Bergers & deux Bergeres Heroïques, representez les premiers par les Sieurs le Gros, Estiual, Don & Blondel, & les deux Bergeres par Mad.lle de la Barre & Mad.lle Hilaire se prenant par la main, chanterent cette Chanson à danser à laquelle les autres respondirent.

CHANSON.

Vsez mieux, ô! beautez fieres!
Du pouuoir de tout charmer:
Aymez, aymables Bergeres,
Nos cœurs sont faits pour aymer:
Quelque fort qu'on s'en deffende,
Il y faut venir vn jour:
Il n'est rien qui ne se rende
Aux doux charmes de l'Amour.

❦

Songez de bonne heure à suiure
Le plaisir de s'enflamer,
Vn cœur ne commence à viure
Que du jour qu'il sçait aymer:
Quelque fort qu'on s'en deffende,
Il y faut venir vn jour:
Il n'est rien qui ne se rende
Aux doux charmes de l'Amour.

❦

Pendant que ces aymables personnes dansoient, il sortit de dessous le Theatre la machine d'vn grand arbre chargé de seize

Faunes, dont les huit joüerent de la Flufte, & les autres du Violon, auec vn concert le plus agreable du monde. Trente Violons leur refpondoient de l'Orcheftre, auec fix autres con-certans de Claueffins & de Theorbes, qui eftoient les Sieurs.

D'Anglebert, Richard, Itier, La Barre le cadet, Tiffu & le Moine.

Et quatre Bergers & quatre Bergeres vinrent danfer vne fort belle entrée, à laquelle les Faunes defcendans de l'arbre fe meflerent de temps en temps, & toute cette Scene fuft fi grande, fi remplie & fi agreable, qu'il ne s'eftoit encore rien veu de plus beau en Ballet.

Auffi fit-elle vne aduantageufe conclufion aux duertiffe-mens de ce jour, que toute la Cour ne loüa pas moins que celuy qui l'auoit precedé, fe retirant auec vne fatisfaction qui luy fit bien efperer de la fuite d'vne Fefte fi complette.

Les Bergers eftoient. Les Sieurs Chicanneau, du Pron, Noblet, & la Pierre.

Et les Bergeres. Les Sieurs Baltazard, Magny, Arnald, & Bonard.

TROISIESME IOVRNE'E
DES PLAISIRS
DE L'ISLE
ENCHANTE'E.

PLVS on s'auançoit vers le grand Rondeau qui reprefentoit le Lac, fur lequel eftoit autresfois bafty le Palais d'Alcine : Plus on s'approchoit de la fin des diuertiffemens de l'Ifle Enchantée, comme s'il n'euft pas efté jufte que tant de braues Cheualiers demeuraffent plus long-temps dans vne oyfiueté qui euft fait tort à leur gloire.

On feignoit donc, fuiuant toûjours le premier deffein, que le Ciel ayant refolu de donner la liberté à ces Guerriers ; Alcine en eut des preffentimens qui la remplirent de terreur & d'inquietudes : Elle voulut apporter tous les remedes poffibles pour preuenir ce malheur, & fortifier en toutes manieres vn lieu qui pût renfermer tout fon repos & fa joye.

On fit paroiftre fur ce Rondeau, dont l'eftenduë & la forme font extraordinaires, vn Rocher fitué au milieu d'vne Ifle couuerte de diuers animaux, comme s'ils euffent voulu en deffendre l'entrée.

Deux autres Ifles plus longues, mais d'vne moindre largeur, paroiffoient aux deux coftez de la premiere, & toutes trois auffi bien que les bords du Rondeau, eftoient fi fort efclairées, que ces lumieres faifoient naiftre vn nouueau jour dans l'obfcurité de la nuit.

Leurs Majeftez eftant arriuées, n'eurent pas pluftoft pris

A

leur place, que l'vne des deux Isles qui paroissoient aux costez de la premiere, fut toute couuerte de Violons fort bien
vestus.

L'autre qui luy estoit opposée, le fut au mesme temps
de Tompettes & de Tymballiers, dont les habits n'estoient
pas moins riches.

Mais ce qui surprit dauantge, fut de voir sortir Alcine
de derriere le Rocher, portée par vn Monstre-Marin d'vne
grandeur prodigieuse.

Deux des Nymphes de sa suite, sous les noms de Celie
& de Dircé, partirent au mesme temps à sa suite; & se
mettant à ses costez sur de grandes Baleines, elles s'appro-
cherent du bord du Rondeau, & Alcine commença des
Vers, ausquels ses Compagnes respondirent, & qui furent
à la loüange de la Reyne Mere du Roy.

ALCINE, CELIE, DIRCE'.

ALCINE,

Vous à qui je fis part de ma felicité,
Pleurez auec moy dans cette extremité.

CELIE.

Quel est donc le sujet des soudaines alarmes
Qui de vos yeux charmans font couler tant de larmes?

ALCINE.

Si je pense en parler, ce n'est qu'en fremissant.
Dans les sombres horreurs d'vn songe menaßant,
Vn spectre m'auertit, d'vne voix esperduë,
Que pour moy des Enfers la force est suspenduë;
Qu'vn celeste pouuoir arreste leur secours,
Et que ce jour sera le dernier de mes jours.
Ce que versa de triste au poinct de ma naissance
Des Astres ennemis, la maligne influence,
Et tout ce que mon art m'a predit de malheurs,
En ce songe fut peint de si viues couleurs,
Qu'à mes yeux éueillez sans cesse il represente

de l'Ifle Enchantée.

Le pouuoir de Meliffe, & l'heur de Bradamante.
J'auois preueu ces maux, mais les charmans plaifirs
Qui fembloient en ces lieux preuenir nos defirs;
Nos fuperbes palais, nos jardins, nos campagnes,
L'agreable entretien de nos cheres compagnes;
Nos jeux & nos chanfons, les concerts des oyfeaux,
Le parfun des Zephirs, le murmure des eaux,
De nos tendres amours les douces auantures,
M'auoient fait oublier ces funeftes augures,
Quand le fonge cruel dont je me fens troubler,
Auec tant de fureur les vint renouueller.
Chaque inftant je croy voir mes forces terraffées,
Mes gardes efgorgez, & mes prifons forcées;
Ie croy voir mille amans, par mon art transformez,
D'vne égale fureur à ma perte animez;
Quitter en mefme temps leurs troncs & leurs feüillages,
Dans le jufte deffein de vanger leurs outrages,
Et je croy voir, enfin, mon aymable Roger
De mes fers méprifez, preft à fe defgager.

CELIE.

La crainte en voftre efprit s'eft acquis trop d'empire,
Vous regnez feule icy, pour vous feule on foûpire;
Rien n'interrompt le cours de vos contentemens
Que les accens plaintifs de vos triftes amans:
Logiftile, & fes gens-chaffez de nos campagnes
Tremblent encor de peur, cachez dans leurs montagnes;
Et le nom de Meliffe, en ces lieux inconnu,
Par vos augures feuls jufqu'à nous eft venu.

DIRCE.

Ah! ne nous flatons point, ce fantofme effroyable
M'a tenu cette nuit vn difcours tout femblable.

ALCINE.

Helas! de nos malheurs qui peut encor douter.

CELIE.

I'y vois vn grand remede, & facile à tenter;
Vne Reyne paroift, dont le fecours propice
Nous fçaura guarentir des efforts de Meliffe:

Les Plaisirs

Par tout de cette Reyne on vante la bonté,
Et l'on dit que son cœur, de qui la fermeté
Des flots les plus mutins méprisa l'insolence,
Contre les vœux des siens est toûjours sans defense.

ALCINE.

Il est vray je la vois, en ce pressant danger
A nous donner secours taschons de l'engager;
Disons-luy qu'en tous lieux la voix publique estale
Les charmantes beautez de son ame Royale;
Disons que sa vertu, plus haute que son rang
Sçait releuer l'esclat de son auguste sang,
Et que de nostre sexe elle a porté la gloire
Si loin, que l'auenir aura peine à le croire;
Que du bon-heur public son grand cœur amoureux
Fit toûjours des perils vn mépris genereux;
Que de ses propres maux, son ame à peine atteinte,
Pour les maux de l'Estat garda toute sa crainte:
Disons que ses bien-faits versez à pleines mains
Luy gaignent le respect & l'amour des humains,
Et qu'au moindre danger dont elle est menacée
Toute la terre en deüil se montre interessée:
Disons qu'au plus haut poinct de l'absolu pouuoir,
Sans faste & sans orgueil sa grandeur s'est fait voir;
Qu'aux temps les plus fascheux, sa sagesse constante,
Sans crainte a soûtenu l'autorité penchante;
Et dans le calme heureux, par ses trauaux acquis,
Sans regret la remit dans les mains de son Fils.
Disons par quels respects, par quelle complaisance
De ce Fils glorieux, l'amour la recompense;
Vantons les longs trauaux, vantons les justes loix
De ce Fils reconnu pour le plus grand des Rois;
Et comment cette Mere, heureusement feconde,
Ne donnant que deux fois a donné tant au monde.

Enfin, faisons parler nos soûpirs & nos pleurs
Pour la rendre sensible à nos viues douleurs,
Et nous pourrons trouuer au fort de nostre peine
Un refuge paisible aux pieds de cette Reyne.

de l'Isle Enchantée.

DIRCE'.

Ie sçais bien que son cœur, noblement genereux,
Ecoute auec plaisir la voix des malheureux:
Mais on ne voit jamais éclater sa puissance
Qu'à repousser le tort qu'on fait à l'innocence;
Ie sçais qu'elle peut tout, mais je n'ose penser
Que jusqu'à nous deffendre on la vit s'abaisser.

De nos douces erreurs elle peut estre instruite,
Et rien n'est plus contraire à sa rare conduite;
Son Zele si connu pour le culte des Dieux
Doit rendre à sa vertu nos respects odieux,
Et loin qu'à son abord mon effroy diminuë,
Malgré-moy je le sens qui redouble à sa veuë.

ALCINE.

Ah! ma propre frayeur suffit pour m'affliger!
Loin d'aigrir mon ennuy, cherche à le soulager,
Et tasche de fournir à mon ame oppressée
Dequoy parer aux maux dont elle est menacée.

Redoublons cependant les Gardes du Palais,
Et s'il n'est point pour nous d'aZile desormais;
Dans nostre desespoir cherchons nostre deffense,
Et ne nous rendons pas au moins sans resistance.

Alcine. Mad^lle^ du Parc. *Celie.* Mad^lle^ de Brie. *Dircé.* Mad^lle^ Moliere.

LOrs qu'ils furent acheuez, & qu'Alcine se fut retirée
pour aller redoubler les Gardes du Palais, le concert des
Violons se fit entendre; pendant que le Frontispice du Palais venant à s'ouurir auec vn merueilleux artifice, & des
Tours à s'esleuer à veuë d'œil.

Quatre Geants d'vne grandeur desmesurée, vinrent à paroistre auec quatre Nains; qui par l'opposition de leur petite taille, faisoient paroistre celle des Geants encore plus
excessiue. Ces Colloses estoient commis à la garde du Palais, & ce fut par eux que commença la premiere Entrée
du Ballet.

Les Plaisirs

BALLET
DV PALAIS
D'ALCINE.

PREMIERE ENTRE'E.

Qvatre Geants, & quatre Nains.

Geants. Les Sieurs Mançeau, Vagnard,
Pesan, & Ioubert.

Nains. Les deux petits Des-Airs, le petit Vagnard,
& le petit Tutin.

II. ENTRE'E.

HVit Maures chargez par Alcine de la garde du dedans, en font vne exacte visite, auec chacun deux
flambeaux.

Maures. Messieurs d'Heureux, Beauchamp, Molier,
La Marre, Les Sieurs Le Chantre, De Gan,
Du Pron, & Mercier.

III. ENTRE'E.

CEpendant vn despit amoureux oblige six des Cheualiers qu'Alcine retenoit aupres d'elle, à tenter la sor-
tie de ce Palais ; mais la fortune ne secondant pas les efforts
qu'ils font dans leur desespoir, ils font vaincus apres vn
grand combat par autant de Monstres qui les attaquent.

Six Cheualiers, & six Monstres.

Cheualiers. Messieurs de Souuille, Raynal, Des-Airs l'aisné,
Des-Airs le second, De Lorge, & Balthasard.

Monstres. Les Sieurs Chicanneau, Noblet, Arnald,
Desbrosses, Desonets, & la Pierre.

IV. ENTRE'E.

ALcine allarmée de cét accident, inuoque de nouueau tous ses Esprits, & leur demande secours : il s'en presente deux à elle, qui font des sauts auec vne force, & vne agilité merueilleuses.

Demons Agilles.
Les Sieurs S. André, & Magny.

V. ENTRE'E.

D'Autres Demons viennent encore, & semblent asseurer la Magicienne qu'ils n'oublieront rien pour son repos.

Autres Demons Sauteurs.
Les Sieurs Tutin, La Brodiere, Pesan, & Bureau.

VI. ET DERNIERE ENTRE'E.

MAis à peine commence-t'elle à se rasseurer, qu'elle voit paroistre aupres de Roger, & de quelques Cheualiers de sa suitte, la sage Melisse sous la forme d'Atlas ; Elle court aussi-tost pour empescher l'effet de son intention ; mais elle arriue trop tard : Melisse a déja mis au doigt de ce braue Cheualier la fameuse bague qui destruit les enchantemens ; lors vn coup de Tonnerre, suiuy de plusieurs esclairs, marque la destruction du Palais, qui est aussi-tost reduit en cendres par vn Feu d'artifice, qui met fin à cette auanture, & aux diuertissements de l'Isle Enchantée.

Alcine. Mad^{lle}. du Parc. *Melisse.* De Lorge. *Roger.* M. Beauchamp.

Cheualiers. Messieurs d'Heureux, Raynal,
Du Pron, & Desbrosses.

Escuyers. Messieurs La Marre, Le Chantre,
De Gan, & Mercier.

FIN DV BALLET.

Les Plaisirs

IL sembloit que le Ciel, la Terre & l'Eau fussent tous
en feu, & que la destruction du superbe Palais d'Alcine, comme la liberté des Cheualiers qu'elle y retenoit en prison, ne se pût accomplir que par des prodiges
& des miracles : La hauteur & le nombre des fusées volan-
tes, celles qui rouloient sur le riuage, & celles qui resor-
toient de l'eau apres s'y estre enfoncées, faisoient vn spectacle si grand & si magnifique, que rien ne pouuoit mieux
terminer les enchantemens qu'vn si beau Feu d'Artifice ; lequel ayant enfin cessé apres vn bruit & vne longueur extraordinaires, les coups de boëttes qui l'auoient commencé
redoublerent encore.

Alors toute la Cour se retirant, confessa qu'il ne se pouuoit rien voir de plus acheué que ces trois Festes : Et c'est
assez aduoüer qu'il ne s'y pouuoit rien adjouster, que de dire
que les trois Iournées ayant eu chacune ses partisans, comme chacun auoit eu ses beautez particuliers, on ne conuint
pas du prix qu'elles deuoient emporter entre-elles ; bien
qu'on demeuraft d'accord qu'elles pouuoient justement le
disputer à toutes celles qu'on auoit veuës jusques alors, &
les surpasser peut-estre.

Mais quoy que les Festes comprises dans le sujet des Plaisirs de l'Isle Enchantée fussent terminées, tous les diuertis-
semens de Versailles ne l'estoient pas ; & la magnificence &
la galanterie du Roy, en auoit encore reserué pour les autres jours, qui n'estoient pas moins agreables.

Le Samedy dixiesme Sa Majesté voulut courre les testes ;
c'est vn exercice que peu de gens ignorent, & dont l'vsage
est venu d'Allemagne, fort bien inuenté, pour faire voir
l'addresse d'vn Caualier ; tant à bien mener son cheual dans
les passades de guerre, qu'à bien se seruir d'vne lance, d'vn
dard, & d'vne espée. Si quelqu'vn ne les a point veu
courre, il en trouuera icy la description, estant moins
communes que la bague, & seulement icy depuis peu
d'années, & ceux qui en ont eu le plaisir, ne s'ennuyent
pas pourtant d'vne narration si peu estenduë.

Les Cheualiers entrent l'vn apres l'autre dans la Lice la
lance à la main, & vn dard sous la cuisse droite ; & apres
auoit

que l'vn deux à couru & emporté vne Tefte de gros carton
peinte, & de la forme de celle d'vn Turc, il donne fa lance
à vn Page, & faifant la demy-volte il reuient à toute bride
à la feconde Tefte, qui a la couleur & la forme d'vn Maure,
l'emporte auec le dard qui luy jette en paffant ; puis reprenant vne jaucline, peu diferente de la forme du dard,
dans vne troifiefme paffade il la darde dans vn bouclier où
eft peinte vne tefte de Medufe ; & acheuant fa demy-vólte
il tire l'efpée, dont il emporte en paffant toûjours à toute
bride vne tefte efleuée à vn demy pied de terre ; puis faifant
place à vn autre, celuy qui en fes courfes en a emporté le
plus, gagne le prix.

Toute la Cour s'eftant placée fur vne baluftrade de fer
doré, qui regnoit autour de l'agreable maifon de Verfail-
les, & qui regarde fur le foffé, dans lequel on auoit dreffé
la Lice auec des barrieres.

Le Roy s'y rendit fuiuy des mefmes Cheualiers qui auoient
couru la bague : Les Ducs de S. Aignan & de Noailles y
continüans leurs premieres fonctions ; l'vn de Marefchal de
Camp, & l'autre de Iuge des Courfes : Il s'en fit plufieurs
fort belles & heureufes ; mais l'addreffe du Roy luy fit emporter hautement en fuitte du prix de la Courfe des Dames,
encore celuy que donnoit la Reyne ; c'eftoit vne rofe de
Diamans de grand prix, que le Roy, apres l'auoir gagnée,
redonna liberalement à courre aux autres Cheualiers, & que
le Marquis de Coaflin difputa contre le Marquis de Soyecourt
& la gagna.

Le Dimanche au leuer du Roy, quafi toute la conuer-
fation tourna fur les belles Courfes du jour precedent, &
donna lieu à vn grand deffy entre le Duc de S. Aignan, qui
n'auoit point encore couru, & le Marquis de Soyecourt,
qui fut remife au lendemain, pource que le Marefchal Duc
de Grammont, qui parioit pour ce Marquis, eftoit obligé
de partir pour Paris, d'où il ne deuoit reuenir que le jour
d'apres.

Le Roy mena toute la Cour cette aprefdinée à fa Mef-
nagerie, dont on admira les beautez particulieres, & le nombre prefque incroyable d'oyfeaux de toutes fortes ; parmy

lesquels il y en a beaucoup de fort rares. Il seroit inutile de parler de la collation qui suiuit ce diuertissement, puis que huit jours durant chaque repas pouuoit passer pour vn Festin des plus grands qu'on puisse faire.

Et le soir Sa Majesté, fit representer sur l'vn de ces theatres doubles de son Sallon, que son Esprit vniuersel a luy-mesme inuentez, la Comedie des Fascheux faite par le Sieur de Moliere, meslée d'entrées de Ballet, & fort ingenieuse.

Le bruit du deffy qui se deuoit courir le Lundy dou-ziesme, fit faire vne infinité de gageures d'assez grande va-leur ; quoy que celle des deux Cheualiers ne fut que de cent pistolles : Et comme le Duc par vne heureuse audace don-noit vne Teste à ce Marquis fort adroit, beaucoup tenoient pour ce dernier ; qui s'estant rendu vn peu plus tard chez le Roy, y trouua vn cartel pour le presser, lequel pour n'estre qu'en prose, on n'a point mis en ce discours.

Le Duc de S. Aignan, auoit aussi fait voir à quelques vns de ses amis, comme vn heureux presage de sa victoire, ces quatre Vers.

AVX DAMES.

BElles , vous direz en ce jour
Si vos sentimens sont les nostres,
Qu'estre vainqueur du grand Soyecourt
C'est estre vainqueur de dix autres.

Faisant toûjours allusion à son nom de Guidon le Sauuage, que l'auanture de l'Isle perilleuse rendit victorieux de dix Cheualiers.

Aussi-tost que le Roy eust disné, il conduisit les Reynes, Monsieur, Madame, & toutes les Dames dans vn lieu ou on deuoit tirer vne Loterie, afin que rien ne manquast à la galan-terie de ces Festes ; c'estoit des pierreries, des ameublemens, de l'argenterie & autres choses semblables : Et quoy que le sort ait accoustumé de decider de ces presens, il s'accorda sans doute auec le desir de S. M. quand il fit tomber le gros lot entre les mains de la Reyne ; chacun sortant de ce lieu là fort content, pour aller voir les Courses qui s'alloient commencer.

de l'Ifle Enchantée.

Enfin Guidon & Oliuier parurent fur les rangs à cinq heures du foir, fort proprement veſtus & bien montez.

Le Roy auec toute la Cour les honora de fa preſence ; & Sa Majeſté leuſt meſme les Articles des Courſes, afin qu'il n'y euſt aucune conteſtation entre-eux. Le ſuccés en fut heureux au Duc de S^t. Aignan, qui gagna le deffy.

Le foir Sa Majeſté fit joüer vne Comedie, nommée Tartuffe, que le Sieur de Molliere auoit fait contre les Hypocrites ; mais quoy qu'elle eut eſté trouuée fort diuertiſſante, le Roy connut tant de conformité entre ceux qu'vne veritable devotion met dans le chemin du Ciel, & ceux qu'vne vaine oſtentation des bonnes œuures n'empeſche pas d'en commettre de mauuaiſes ; que fon extréme délicateſſe pour les choſes de la Religion, ne put ſouffrir cette reſſemblance du vice auec la vertu, qui pouuoient eſtre priſe l'vne pour l'autre : Et quoy qu'on ne doutaſt point des bonnes intentions de l'Autheur, il la deffendit pourtant en public, & fe priua foy-meſme de ce plaifir, pour n'en pas laiſſer abuſer à d'autres, moins capables d'en faire vn juſte diſcernement.

Le Mardy treizieſme le Roy voulut encore courre les Teſtes, comme à vn jeu ordinaire que deuoit gagner celuy qui en feroit le plus : Sa Majeſté eut encore le prix de la Courſe des Dames, le Duc de S. Aignan celuy du jeu ; & ayant eu l'honneur d'entrer pour le fecond à la diſpute auec Sa Majeſté : L'addreſſe incomparable du Roy luy fit encore auoir ce prix, & ce ne fut pas fans vn eſtonnement, duquel on ne pouuoit fe deffendre, qu'on en vit gagner quatre à Sa Majeſté en deux fois qu'elle auoit couru les teſtes.

On joüa le meſme foir la Comedie du Mariage Forcé, encore de la façon du meſme Sieur de Molliere, meſlée d'entrées de Balets, & de Recits : Puis le Roy prit le chemin de Fontainebleau le Mercredy quatorzieſme ; toute la Cour fe trouuant fi fatisfaite de ce qu'elle auoit veu, que chacun crut qu'on ne pouuoit fe paſſer de le mettre par eſcrit, pour en donner la connoiſſance à ceux qui n'auoient pû voir des Feſtes fi diuerſifiées & fi agreables ; où l'on a pû admirer tout à la fois le projet auec le fuccés, la liberalité auec la politeſſe, le grand nombre auec l'ordre, & la

B ij

Les Plaifirs de l'Ifle Enchantée.

fatisfaction de tous: Où les foins infatigables de Monfieur
de Colbert s'employerent en tous ces diuertiffemens, malgré
fes importantes affaires ; où le Duc de S. Aignan , joignit
l'action à l'inuention du deffein ; où les beaux vers du Pre-
fident de Perigny à la loüange des Reynes, furent fi jufte-
ment penfez, fi agreablement tournez, & recitez auec tant
d'Art ; où ceux que Monfieur de Benfferade fit pour les Cheualiers, eurent vne approbation generalle ; où la vigilance
exacte de Monfieur Bontemps, & l'application de Monfieur
de Launay, ne laifferent manquer d'aucune des chofes ne-
ceffaires : Enfin , où chacun a marqué fi aduantageufement
fon deffein de plaire au Roy ; dans le temps où Sa Majefté
ne penfoit elle-mefme qu'à plaire ; & où ce qu'on a veu ne
fçauroit jamais fe perdre dans la memoire des Spectateurs,
quand on n'auroit pas pris le foin de conferuer par cét ef-
crit le fouuenir de toutes ces merueilles.

F I N.